太极正道

李和生传杨式老六路
内功太极拳解密

李和生　李聪　著

人民体育出版社

图书在版编目（CIP）数据

太极可道：李和生传杨式老六路内功太极拳解密 /李和生，李聪著. -- 北京：人民体育出版社, 2015 (2025.9重印)
ISBN 978-7-5009-4804-9

Ⅰ.①太… Ⅱ.①李… ②李… Ⅲ.①太极拳—基本知识
Ⅳ.①G852.11

中国版本图书馆CIP数据核字(2015)第074075号

太极可道：李和生传杨式老六路内功太极拳解密

李和生　李聪　著
出版发行：人民体育出版社
印　　装：北京新华印刷有限公司

开　本：787×1092　16开本　　印　张：16　　字　数：262千字
版　次：2015年9月第1版　　印　次：2025年9月第5次印刷
书　号：ISBN 978-7-5009-4804-9
印　数：16,501—18,000册
定　价：65.00元

购买本社图书，如遇有缺损页可与发行与市场营销部联系
联系电话：（010）67151482
社　　址：北京市东城区体育馆路8号（100061）
网　　址：https://books.sports.cn/

杨露禅宗师像

杨班侯宗师像

杨健侯宗师像

杨澄甫宗师像

汪永泉大师像

朱怀元大师像

李和生先生近照

李和生先生与女儿李聪女士合影

再版序言

自余《内功解密——杨式太极拳老六路》一书于2006年出版后，受到了不少同仁的关注与厚爱而多次加印。如今与出版单位的协议已到期，仍有不少人来电来函求购此书。加之近年余勤谨习拳未敢丝毫松懈，于内功研究上自觉又有了些许心得，众弟子门人多有催促，望余能赋予笔墨以留存后世，原因种种，便有了再版此书之意。无奈余年岁已高，精力不济，加之受困于眼疾，只能口述修改之要义，嘱咐长女李聪替余整理，弟子沈祯、汤智强二人从旁协助以完成此书。

此书再版后书名改为《太极可道——李和生传杨式老六路内功太极拳解密》。太极拳之“道”者，至理也，路径也。非玄虚之语，也非口舌之能。明理方能不失方向，识径可少走弯路。然明理识径仅为学拳之前提，内功修炼欲达高层次者，既要传承有法练法得宜，亦要刻苦勤习以求得体悟，唯体之有悟，渐至应化无形，方为入道。余习拳六十余载，未见有其他捷径也。

拳之紧要者，内功也；拳之高深者，拳道也。不修炼内功，难以体会太极拳之精妙；不研究拳道，难以证悟太极拳之真谛。余承前辈所教，集数十年之体证领会，创内功修炼之三乘功法。原书中只讲述了第一乘功法，本次再版将三乘功法全部呈现，供大家参阅及指正。另将一些前辈亲传的口诀、习拳要领也一并附上，希望对大家研习杨式老六路内功太极拳有所裨益。

李和生

2015年2月

目录

父亲小传

—— 写在前面

遵父亲李和生先生所托，我与沈祯、汤智强二位师兄弟于2014年初开始着手再版《内功解密——杨式太极拳老六路》一书。经父亲同意，我们特意在书中增加本篇小文。

现在，父亲在武术界已有一定的声望与影响，跟随他学习的弟子与学生已遍布国内外。由父亲一手创立的太极内功三乘功法与拳道拳学也被越来越多的人认可、学习和研究。而在这些荣光背后，很少有人知道父亲所经历过的坎坷岁月与不凡生活。

作为他的女儿与授业弟子，我将我所知道以及经历过的一些往事汇成这篇小文，希望能有助于大家更了解我的父亲学拳、悟拳的经历；明白他不辞劳苦传拳的初衷；希望能让更多的同门理解与继承父亲的心愿，让内功拳学得以正脉传承。

李聪

2015年1月

壹

我的父亲李和生先生祖籍湖北，1926年农历4月26日生于北京。兄弟姊妹共五人，父亲排行第三，上有大伯与二姑，下有四叔与小姑。父亲出生时家境比较殷实，爷爷在国立北京医科大学任职，收入还算可观。爷爷是做学问的，家教非常严格，尤其重视对孩子们的教育。可能是因为从小受过良好的教育，经历了无数坎坷的父亲一生勤学不惰、治学严谨，处世为人也非常敦厚质朴，一生都保持着让人称赞的谦谦君子作风。

父亲年幼时，社会动荡不安。到父亲七岁那年，爷爷学校里经常欠发工资了，全家生活开始日益窘迫。那年秋天，国民政府的教育部调派爷爷回湖北孝感当督学（相当于现在的地方教育局局长），当时大伯已从北医毕业，被安排到保定当了医生，二姑也在西单师范附小当了教师，爷爷和奶奶于是决定带着我父亲与叔叔、小姑一起迁回湖北老家。

回到孝感不久爷爷就生病了，求医问药都无效，一年后爷爷就在老家去世了。爷爷的去世一下子断了全家人的生活来源，奶奶只好带着三个孩子又回到北京，租住在骡马市大街一个胡同的大铁门杂院里。回到北京不久，二姑便远嫁去了东北（几年后就病故了），大伯也被安排去做了随军医生，据说是跟随部队去了新疆，一去就失去了音讯。新中国成立后，父亲曾多次托人在新疆打探大伯的消息，均无结果。那时父亲还不到十岁，叔叔八岁，小姑仅六岁，家境一下子无比窘迫凄凉。因没有了生活来源，出生于书香世家的奶奶不得不帮人干些浆洗缝补的粗活儿，随身还得带着小姑。父亲和叔叔被送到了救济院（现在的协和医院）做了小工，一为有人照看，也为了减少家用。父亲与叔叔在救济院生活了一年多，困境中也有幸接触到了一些好心的外国大夫、护士，受到了他们不少的帮助，还学会了一些英语。年幼的小姑聪明伶俐，奶奶帮佣的这家人很喜爱她，他们看奶奶生活不易，就收养了小姑。小姑名叫李近生，后来随这家人去了台湾，临走前哭着说长大了会回来登报写上“小近找妈妈”以寻亲，可至今音讯全无，每每说起这事都让父亲心痛不已。

这之后父亲当过电镀学徒，拉过洋车。为了家里的生计，小小的年纪历尽各种艰辛困苦。这样的生活持续了好几年，也练就了父亲一生不畏艰难、勇于面对、坚韧执着的性格。

因父亲有些医术基础，后来经人介绍到广安门总后医院当了卫生员，正式进入了做医生的行业。医院除了管穿衣吃饭外还发些工资。有了这项稳定的收入，一家人的生活才逐渐稳定下来。

贰

那时，父亲每天除了努力工作外，空暇时间主要是忙两件事——温习功课考大学、习武锻炼身体。父亲自幼身体偏弱，体质不好，为了强身健体，从小就跟随别人习练一些武术健身。父亲习武很有天赋，小小年纪一教就会，比划起来也像模像样。1946 年春，父亲巧遇京城里有名的武术名家、形意拳大师唐凤亭先生，开始跟随唐先生学形意拳、五行拳、少林功法。唐先生深得形意门李氏三杰的秘传，授拳严苛，对基本功尤为重视。父亲跟随唐先生习拳前后共有七年之久，接受了形意门系统严格的训练。这七年的锻炼不仅强壮了父亲的身体，也为父亲打下了很好的内家拳基础。七年中父亲对形意拳十二形操之屈伸开合、闪展腾挪已是形神合一，初窥形意拳之玄妙。每当回忆起这段学武经历时，父亲总是说："学拳容易寻师难，有幸遇上唐大师，使我打下了良好的内家拳基础，犹如千层高楼打好了地基。我在太极拳内功上的成就，首先应归功于启蒙老师唐凤亭先生的无私教诲。"

1953 年父亲从北京医科大学毕业后，又认识了吴式太极拳名家王培生先生，并拜入王先生门下开始学习吴式太极拳。父亲说："王培生恩师手眼身法步极佳，是少见的习武奇才。"王培生先生是当时武术界翘楚人物，也是声名赫赫的实战大家。他聪颖过人，学拳刻苦用功，在武术上有极高的天赋，深得太极名宿杨禹廷大师的真传，在吴氏门里曾有"小南吴（吴英华）北王（王培生）"的显赫声誉。王培生先生对弟子要求严格，授课非常严厉。

李和生先生（前排左二）与恩师王培生先生（前排左三）及同门于1986年合影

父亲跟随王培生先生习拳非常用功刻苦，加上天赋过人、一点就通，因而深得王先生的赏识，几年下来便掌握“以心行意、以意导气、按窍运身”之吴式太极拳精华。特别是在实战推手上初露锋芒，很有王培生先生的神韵，让王先生非常得意，经常让父亲跟随在他身边，一为对父亲再细细雕琢打磨，再则让父亲多见世面。父亲也不负王培生先生的厚望，在拳艺上进步神速，逐渐成为王培生先生十分倚重的弟子。

1963年，王培生先生因故离京，中断了父亲继续跟随在他身边深造的机会。好在杨禹廷师爷当时仍在授拳，父亲得以继续跟随师爷学习。杨禹廷师爷平日就对父亲的勤学慧敏十分欣赏，加上二人谦逊低调的个性也十分投缘，父亲又得到了杨师爷的悉心教授。在师爷的亲授指点下，父亲拳艺精进，对吴式太极拳的研习与理解有了质的提升。

与杨禹廷师爷的一次单独相处中，有一件事对父亲触动很大。这一天，父亲去看望杨师爷，二人聊得兴起，端坐在藤椅上的师爷指了指自己的眉心，忽然对父亲说：“和生，你用手指按我这儿试试！”父亲不明所以地用手按向师爷的眉心，没成想刚一接触，顿觉全身一空，忽悠之间仿佛被什么东西

杨禹廷先生赠与作者的拳照

吸附住了一样被连根拔起，身不由己地被甩到了藤椅的一侧，这一体会让父亲惊诧不已。杨师爷笑眯眯地告诉父亲这便是太极内功。父亲便问师爷平时怎么没教过大家这个，师爷说：“都松不下来，教也没用。”父亲一再恳请师爷讲解传授，师爷说：“说不出什么道理来，你往松里练就有了，要大松大软地练。”之后便不再多说了，父亲也就不敢再追问。这次不经意的体会，让父亲陷入了对太极拳新的摸索与思考中，冥冥中也为父亲指出了未来的研究方向。

因为一个特别的机缘，父亲认识了马有清先生，两人由武相识，交情甚厚。马有清先生是吴图南大师的衣钵弟子。吴图南大师集杨式、吴式于一身，深谙太极真谛并有许多个人建树，是太极拳界名宿大家。他淡泊名利，生平极少授徒。马友清先生当时正遭遇时局困难，被安排在郊外农村，这让平时很少接触农活的马先生苦不堪言。父亲通过在医院做医生的关系不遗余力地给他帮忙，减轻了其中不少劳苦，让马有清先生十分感动。在平日的切磋交流中，马先生将吴图南大师的二十四松功、二十四劲功、四坯劲及凌空劲的歌诀毫无保留地告诉了父亲，这让嗜武如命的父亲深受启益。后来，为了求得更多指点，父亲还多次到吴图南大师教拳的地方去拜访，可惜都没有遇到。后来按马先生告知的地址去吴大师居住处寻找，结果在街道上正好看到在挨批斗的吴老，一直等到批斗会结束，二人才得以相见。与吴图南大师相熟后，父亲经常去

吴图南大师照片

看望他，有时借聊拳之名为吴老与老伴带去一些日常吃喝用度，暗暗接济一下两位老人。与吴图南大师的交往让父亲受益匪浅。吴大师非常明确地告诉父亲“练太极一定要练内功，没有内功就不是太极拳”，“太极拳内外兼修要以内为主，要用内功去控制对方”。但内功具体应该练什么、怎么练吴大师没有说，父亲也没有亲听吴大师讲解与演示过传说中的凌空劲。

父亲跟随王培生先生到上海拜访过吴英华大师、马岳梁大师。1984 年两位大师来京探望女儿时，父亲与多位吴氏门人一起在中山公园“来今雨轩”举行欢迎会，宴请吴、马二老。与两位大师的多次接触中，父亲虚心请教聆听教诲，获益良多。父亲说二位大师在吴式太极拳上造诣精深，内功非常深厚。马岳梁大师的桩功到了让人叫绝称奇的地步，他以单腿金鸡独立的姿势表演太极定劲，能经受多人齐推而纹丝不动，而在他“哼”一声后，推他的

• （上　图）跟随王培生先生拜访吴英华、马岳梁二位大师合影（左一为李和生先生）
• （下左图）吴英华、马岳梁二位大师来京合影（右三为李和生先生）
• （下右图）跟随王培生先生拜访吴英华、马岳梁二位大师合影（右一为李和生先生）

七八人竟同时跌倒在地。两位大师性情谦逊温和，不轻易显露真功，晚年时功至臻化，与人推手未见其动，对方往往即站不稳跌出，其技神乎其神。二老告诫父亲要遵老子所说的“致虚极，守静笃”，要将“轻灵，贯穿，气宜鼓荡，神宜内敛”作为锻炼法则，练到一定时候，身体任何一处与对方接触都要可以做出应对。马岳梁大师曾说：“太极拳是动静相兼的功法。练拳是首先集中思想，清除杂念，由均匀舒适的动作，促使大脑由杂乱归于宁静专一，此时越练越静，渐至意识和动作混而为一。认真练拳者到了这个境界，必觉通体舒适，欲罢不能，最静也即最清醒的状态。”

父亲好武成痴，一有机会便四处寻师访友。他曾拜访过崔毅士、陈微明、李雅轩、傅钟文等多位前辈，亲身聆听过他们的教诲。这些前辈的指点为他后来专心探索太极内功提供了参照，打下了很好的理论基础。

叁

上世纪70年代中期，父亲代表积水潭医院参加北京成立的医疗质量检查委员会，工作期间认识了同来参会的孙德善先生。孙德善是汪永泉大师的早期弟子之一，深得汪大师的真传，也十分痴迷武术，与父亲可以说一见如故。二人一有空暇就私下切磋拳技。在与孙德善先生推手交流中，父亲惊奇地发现孙德善先生竟能发放一种看不见但能体会到并能控制对方的内劲。父亲自从受到杨禹廷师爷的启蒙，以及吴图南、吴英华、马岳梁等多位大师的点拨后，加上平日就常看拳经典籍，对内功理论已有所领悟，加上多位前辈们的悉心教导，早已深知太极拳是内功拳，修炼内功才是掌握太极拳的核心与精髓。只是在学习中，虽然在一些前辈那里能体会到一些内功，可在修炼的方法上一直很模糊，没有谁清楚地传授要领，让人无从练起。与孙德善先生推手的感受让父

孙德善先生拳照

亲如获至宝。想到孙先生比自己年长不了几岁就能掌握内功，一定是有独特的训练方法。在这之后的日子里，父亲一有时间就去孙先生那里学习，跟随孙先生学习一些内功的训练方法。孙先生也与父亲十分投缘，总是有问必答，倾力相授。当时孙德善先生住北京城东北角，父亲住城东南角，每周父亲都会大老远骑车去孙先生家。孙先生毫无保留地将许多练内气的方法、桩功以及许多练功口诀教给了父亲。

跟随孙德善先生学习一段时间后，因单位响应毛主席“把医药卫生重点放到农村去”的“6 · 26 指示”，父亲被安排上山下乡去了医疗队，一下子中断了与孙先生的学习机缘。在医疗队工作一年多后父亲才回到城里工作。待父亲再去看望孙德善先生时，孙先生已病重入院。在探望孙先生的病房里，父亲见到了孙先生的大师兄朱怀元先生。孙先生郑重地将父亲引荐给了朱怀元先生，说父亲是他的至交好友，希望朱怀元先生能多多指点父亲。

经过与孙德善先生、朱怀元先生较长时间的接触，父亲感觉他们所传授的拳术在内功修炼方面练法清晰、内容丰富而且精深。于是，父亲下定决心跟随这两位老师学习研究这门拳学。1976 年，在孙德善先生的引荐下，已

朱怀元先生授徒仪式。汪永泉（前排右四）、朱怀元（前排右三）、李和生（二排左三）

年过五十的父亲正式拜汪永泉大师的大弟子、太极拳隐世奇人朱怀元先生为师，从此开始全身心学习杨健侯在清王府传授的传统内功太极拳。

汪永泉大师是杨澄甫宗师的得意高足，自幼习武。他的父亲汪崇禄曾是溥伦贝子府的总管家，日日跟随在溥伦贝子身边。溥伦贝子的父亲载治郡王好武，曾掌管清廷上虞备用处善扑营事务，在晚清中是个显赫的人物。那时太极拳正传入京城不久，经过露禅宗师与班侯宗师的开拓，已经在京城武术界名气日隆。溥伦贝子慧眼识珠，看出太极拳是好东西，便时常请健侯宗师入府授拳。溥伦贝子在跟随健侯宗师学拳时，汪崇禄总是跟在左右随身伺候，有时还得帮着贝子记下宗师讲授的内容。汪崇禄是个有心人，加上本身喜好武术，便在无形中深得健侯宗师的传授。汪永泉大师年少时，时常跟随父亲去杨家练功，因其反应机敏，加上自幼学习过善扑技艺不怕跌碰，因而经常被健侯宗师、少侯宗师唤去做演示的靶子。这样的锻炼机缘让汪大师受益匪浅，加上汪崇禄私下里对他严以调教，汪大师很早便已打下了内功基础，窥得杨家拳术不外传的内功精髓。后来汪大师由健侯宗师亲点拜入杨澄甫宗师门下，得以继续跟随澄甫宗师学习。汪永泉大师年轻时即开台授拳，主要教授健侯宗师在王府时传授的杨家老六路太极拳，当时常年跟随他学习的人有朱怀元、孙德善、张广龄、高占魁、张孝达五位，这也是汪大师的第一批入室弟子，深得大师的真传。

汪永泉先生的这五个徒弟中，对父亲指点最多的主要有其中三位——朱怀元先生、孙德善先生、高占魁先生。朱怀元先生是父亲的授业恩师，特别强调腰功的练习，他本人的腰功也已练到炉火纯青的地步，功力威猛无比。那时朱先生常说“搭手人翻三丈六”。父亲说这话一点儿都不假，他曾有位师弟被朱先生发出去十多米远，回来时一瘸一拐的，一看他那鞋帮与鞋底子都已分家了。孙德善先生则主要是练炁，有口诀是“内炁后支援，碰上如触电”，讲究的是搭手内炁就得到对方身上。父亲最早接触的就是孙先生的内炁。父亲后来在朱怀元恩师的引荐下还认识了高占魁师叔。高师叔当时正在患病中，父亲不遗余力地给他寻医救治，让这位师叔深受感动，将自己多年的研究心得与体悟倾囊传授给了父亲。他的练法与两位师哥又不一样，他主要强调神经的练习。在以后几十年对太极拳的探索研究中，父亲在神经的研习上有了很大的收获与心得。

汪永泉大师传授给第一批弟子的内功练法各有不同，传授的内容与他晚年传授给别的徒弟的内容也不一样，这一直是个难解之谜。比较常见的解释是汪大师因人施教，因材施教，真正原因已不可探究了。父亲见过孙德善先生打过一趟老六路低架拳，据说也是跟汪大师学的。架子非常低，大腿贴近地面了，而在朱怀元老师与别的师叔那儿都没有见人练过这样低架拳的。

根据朱怀元恩师、孙德善师叔、高占魁师叔这三位前辈传授的内容，结合其他多位前辈的指导与自己多年对内功太极拳的研习体悟，父亲逐渐总结出了一套具有特色的内功太极拳的习练方法，也就是我们现在对外传授的杨式老六路内功太极拳“三乘功法”。父亲将朱怀元恩师传授的“腰功”归纳为“第一乘功”，通过“腰功”的练习不仅能达到很好的强肾健体的养生作用，同时也明确了推手技击时劲源的位置，要求无论是盘拳还是技击都得以腰带动，手都不能起主体作用，要做到“有手似无手”。“腰功”练习的重点是习练者要做到“以腰变手”“以腰换手”。父亲早年练习“腰功”时非常用功和刻苦，除了每天多次用腰功盘拳架，一有空暇就按照朱师爷的要求用“腰拱椅子背”“弯腰打井水”等等。父亲将孙德善先生传授的“炁功”归纳为“第二乘功”。“炁功”练习对人体有非常好的固本培元的健身作用，推手技击中作用也十分独特，孙先生特别强调桩功的辅助练习，“内炁”充足饱满后，通过一些特定的桩功让“炁”松散到人的四梢与身体周围，如同布好一个无形的“炁场”。这个“炁场”既能润养身体，也似给身体多了一层敏感的保护屏障。父亲说孙先生曾教他站一个大字桩，站一段时间后就能感觉臂膀与躯体之间像长了翅膀，不仅气感足，而且在臂膀与躯体之间的空隙，即使一小蚊蝇飞过也感觉非常明显，这种灵敏度在没有练习“炁功”前是没有体会过的。父亲将高占魁先生传授的“练神经”归纳为“第三乘功”，他现在讲课中讲“神经”讲的最多，演示的也最多。父亲在“第三乘功”下的工夫是最大的，他自己也觉得在这乘功夫中收获与体悟是最丰富的。“第三乘功”中修炼的“神经”，许多人认为就是医学上说的人体神经组织，或是传统医学中的人体经络，其实这是一种片面的理解，与父亲讲授的“神经”是有出入的。在本书的“三乘功法”章节中，父亲对“神经”有比较详尽的讲述，大家可以认真参照研究。这章节内容是由父亲讲述交我们几个整理的，我们书面表达能力有限，在一些内容上无法用笔墨尽现父亲讲授的全貌，但相信核心意义上未有偏离。

在“第三乘功”的研究中，父亲按照高占魁先生传授的口诀习练一段时间后，曾在研究“神经”的过程中遇到了瓶颈，一度迷失了方向。这个阶段虽然在“练神经”的探索上父亲已有很大的进步，但父亲感觉到内力像一匹烈马一样总不能被很好控制，不能做到得心应手的运用。推手中每每一想发人，内劲往往适得其反地弱了下去，本劲也如影相随总混在其中，这让父亲很苦闷。那时高占魁先生已仙逝，父亲便将自己的疑惑向朱怀元恩师请教。朱怀元先生找了一张太极图让父亲参看，对他说：“你看这太极图由阴阳二鱼组成，但阳中有阴，阴中有阳，阴阳二鱼又相互为根。我们练的是太极拳，得研究这个阴阳，明白阴阳互生的道理。你在阳求阳自然不得其法了。”朱师爷的话让父亲如醍醐灌顶。通过对“阴阳”的不断研究，父亲逐渐领会了前辈们所说的“极柔软然后极坚刚”“阳从阴出”“太极练的是自己的圆满”“太极刚劲是松出来的”等话的含义，父亲十年盘一拳，在内功的研究上逐渐走出了瓶颈，进入了更高的层次。

朱怀元先生照片

与朱怀元先生之子朱春煊先生（右）

在总结梳理“三乘功法”中，父亲发现这正合了道家“炼精化气、炼气化神、炼神还虚”的传统练功法。练腰与“炼精化气”相对应；练炁与“炼气化神”正吻合；练神经也与“炼神还虚”相一致。而通过对“阴阳”不断深入研究，父亲发现基于“阴阳”理论的拳理拳法也正符合道家“炼虚合道”的内家功法修炼目的，源于道也缘于道，正好印证了太极拳起源于道家，与道家文化一脉相承。现在许多拳家有意割离太极拳与传统道家文化的关系，认为太极拳不过是民间流传的一门武术技艺，与道家文化无关联，父亲对此是不赞同的。

对“阴阳”的研究让父亲对太极拳内功修炼的认识焕然一新，也有了更深的理解。他晚年不断致力于太极拳“阴阳”理论的研究，总结出了许多心得体会，提出并形成了完整的“拳道”学说，极大地丰富了内功太极拳的理论体系。

肆

结合前辈们的悉心传授，加上自己数年的刻苦体悟，父亲逐渐打开了内功修炼这一拳学宝藏的大门，开始登堂入室，证悟太极真谛。对之前诸多前辈们的教导也日益融会贯通，特别是对“要大松大软”“练拳推手不能用力”“神意为主形体为辅”等有了更深的体悟。父亲常说“不用劲就把人打出去，通过内功练习确实是可以做到的”。“内功太极拳练的不是集中劲，而是神意气的化合，神意气的化合能形成一种特殊的能量，通过练习它可以受我们的支配，被我们左右，我们称之为‘能量流’”。“练拳中‘神意’很重要，越到高层次越重要，练拳要将自己的‘神意’练圆满灵活了，最后都是用‘神意’来解决问题”。

父亲要求学员练拳与推手练习中，要在时刻保持大松大软的状态下，周身上下都不能着力，都不能起僵劲，在这种状态下“内运外动”，完全由“内运”来决定“外动”，这样才能起到练内功的作用。因此在盘拳中，要学员严格地按照每乘功的要点，真正做到“以腰变手”“以炁变手”“以意变手”。父亲说“练习内功太极拳，开发的是人的第二系统，只有在‘大松大软’的状态下第二系统才能得到很好的调动，僵劲拙力会干扰阻碍第二系统的调动”。“练好了内功，才能做到前辈们说的‘太极无背手’，才能在太极推手中立于不败之地；才能理解王宗岳在《太极拳论》所说的‘显非力胜’、‘快何能为’的意思；才能真正明白‘太极四两拨千斤’这话的意义”。为此父亲给学员们创编了“有手似无手，神意领手走，对方想进攻，无处可下手”的口诀，要求学员们在推手中做到“双臂轻灵似门帘，粘黏连随要走严，对方进攻坠深渊，对方后撤丈外翻”。除此以外，父亲还研究整理了杠杆力、三角力、圆切线力这三种力学在太极拳推手中的运用方式，大大丰富了推手的科学性和可操作性，为后辈学习与掌握内功推手作出了自己的贡献。

父亲认为内功太极拳有它自身的特点，修炼中同样的拳理每个人都会有不同的理解，不同的阶段也会有不同的认识。内功的修炼实际是个人的修行。我们可以集体讨论研究它，可以与同修的人多交流学习，相互展示观摩借鉴，但不要迎合别的拳种或不练内功的人的看法与规则而去改变它。尊重其特殊的规律，对我们学习、理解、研究内功太极拳有很重要的指导意义。因此父亲虽然奔波各地不辞劳苦地推广内功太极拳，但对参加一些比赛活动并不热心，许多国内的武术活动与各种大赛都曾给父亲发来过邀请，希望父亲能带领弟子前去表演或参赛，他都一一予以婉拒。

父亲强调练拳练推手都不要与他人争胜负，要多找自己的不足。他谆谆告诫弟子们“我们练拳不要在‘制人’上费力气，要多在‘克己’上下工夫”；“推手中‘逆劲’好练，‘顺劲’和‘随劲’不好练，要多在‘顺’‘随’上下工夫”。父亲强调练拳、练功要生活化，要常态化，要根据自己在“三乘功”练习中的阶段，一举一动都坚持用劲源带动，让自己常常处在练功的状态中，做到“功夫无息法自修”。

父亲尊师重教，不仅对传授过自己的几位恩师都十分孝顺，对太极拳传承中的诸多前辈也十分恭敬。他总是说“人要懂得饮水思源，要知道感恩”。2014年5月，年近九旬的父亲携家人与几位弟子到杨式太极拳与武式太极拳的发祥地永年县广府镇太极寻根，瞻仰杨露禅宗师故居、武禹镶宗师故居，并在杨氏太极陵园的诸多前辈墓碑前鞠躬拜祭。

李和生先生携家人与弟子瞻仰杨露禅故居

父亲在传拳中既重传授，也重教化。他一生尊武敬武，奉武为道。要求弟子恪守武德，谨遵人道，不得以武逞强，告诫弟子们“入拳道须先过人道”。他自己以身作则，一辈子为人谦逊恭和，不起是非，也不争名利。他曾说：“在太极内功的修炼上要取得好成绩很不容易，既要有老师的正确传授，也要有自己的不懈努力，同时也与习练者的品格情操有莫大关系。一个沉迷于名利、心无定性的人，是不可能在内功太极拳上取得大成就的。”很多常年跟随父亲学习的弟子，性情大都温和谦逊，待人接物真诚友善。一些深受父亲器重的弟子，更是言行举动都与他神似。

以“道”誉拳、以“道”领拳、以“道”育人，这在现在的太极拳界是不多见的。

李和生先生与部分弟子合影集

伍

跟随父亲在龙潭湖公园练拳的人很多，有多年的老徒弟，也有刚入门的新学员。很多外地学员会不辞路远定期前来接受父亲的指导，有些学员甚至在公园附近常年租住，只为能跟随在父亲身边学习。每次练拳前父亲都会和大家推推手玩一会儿，但他无论化、发总是留有余地，从不伤人。对于慕名前来请教的人也是点到为止，十分顾及对方的颜面。

1986年在山西举办的“全国武术助教太极推手强化班”的教学中发生了一个小插曲。有位来参加这个班的学员是练铁砂掌的，已习武多年，一直对软绵绵的太极拳抱有不屑的看法，不信太极拳的实战性。在父亲授课中，他当着众多学员的面对父亲提出了挑战，还故意当着父亲的面挥手一掌就把课桌给劈碎了，功夫十分了得。为了让学员们了解太极拳的技击功能，父亲便答应与他试试手。这位学员身高体壮，足比父亲高了一头，他一见父亲应战，自以为必胜无疑，上前一掌就直接劈向父亲前胸，没想到父亲只是气定神闲地在他来掌侧面划了一个圆弧，手腕微微一抖，便把他整个人凌空拔起，这学员还没搞清怎么回事便已被扔到身后墙角的一张床上了，并没有受到伤害。事后这位学员对父亲的功夫心悦诚服，也对父亲的手下留情十分感激，从此对太极拳的实战功能也改变了看法。

在70年代，有次父亲与一些同事到乡村行医，途中空闲时给大家讲解太极推手。其中有位同事好奇心大起，非得让父亲演示一下内功劲力的神奇不可，大家也十分想见识一下。拗不过大家的央求，父亲见附近有只待宰的山羊，于是请人去和屠宰的人商量一下以羊做实验，只见父亲轻轻在羊腰部上拍了一掌，这只羊立刻开始原地打转，一会儿就倒地死掉了。待屠夫把羊宰杀剖开后发现，羊的脏腑有明显的损伤，一只腰子竟被这一掌拍得脱离了原位，这一实验让大家对父亲的太极内功威力啧啧称奇。父亲却为此很长时间闷闷不乐，他没想到这一掌把羊给拍死了，伤及了一只活物的性命，虽然那是一只待宰的山羊。从这以后，父亲再未拿活物做过实验，也特别告诫弟子们与人推手不能打、推对方的前胸与后背。据父亲说，内功拳练到一定的程度杀伤力非常厉害，前人说是“前胸打掌后胸能见指纹”。也许这种说法有些夸张，但内功拳的威力由此可见一斑。

父亲在日本讲学时，遇到了一位获得过日本空手道冠军的华腾先生，他对太极拳的技击能力抱有怀疑，坚持要和父亲过手试试，并在过手时突发猛力，有全力一搏的架势。父亲反应迅速，顺他攻势借力打力，一个海底针将其控制于地，在其失势时并未给予狠击，而只是肩微微一耸，就似“钱投鼓”一般将他击出丈外，并没有伤害到他，让这个华先生输得心服口服，毕恭毕敬地向父亲行大礼致歉。

父亲平日与人交流过手的例子不少，也遇到过许多明里暗里的挑战甚至偷袭，他总能化险为夷而无败绩，这除了精湛的拳艺外，与他一生为人谦逊恭和也是有很大关系的。父亲说“武”由“止戈”二字组成，乃息事防身之术，不是用来争胜逞能的。他要求弟子在推手中不要以求胜为目的，说“不败”就很好。

陸

父亲自跟随唐凤亭先生学习形意拳开始，到后来专心研究太极拳，对武学一直倾心不倦、勤勉刻苦。中途虽然得到了多位前辈高人的指点与教导，但因缘际会直到年过半百才掌握内功习练的练法，才真正开始深入研究内功，了解到内家拳的真谛，过程实属不易。父亲常说：“我这一生能有幸练习、研究内功，并在内功上有所体悟，已是十分幸运了！”

许多前人先贤对于内功练法都十分珍秘，轻易不传授，有个说法叫“法不传六耳”，父亲在求学中也曾有过这样的经历。这样的传承方式有其渊源与背景，有一定的合理性，但也造成了许多有志之士求学无门，同时也缩小了内功传承发展的门径，让这门绝学日益衰微，后继乏人。父亲深知传承与发展的重要性，他特别希望后辈们能很好地继承前人的研究，曾不止一次地对我们说道：“内功武学是一门特殊的传统文化，它蕴含了我们前辈数代人的智慧，是人类文化的瑰宝，是一门稀有珍贵有待更多人研究的科学，不能在我们这一代就传不下去了”；“内功是太极拳的灵魂与核心，只有内功得以传承了，太极拳才算真正得到传承”。

父亲对这门绝学有着深切的责任感与使命感，为此他与母亲舍下宁静安逸的晚年生活，多次北上南下，甚至数次远渡重洋，竭力向世人推广传播这门绝学，向求学者传授自己的数年研究心得。在父亲的眼里，学习内功太极拳除了良好的技击防身作用以外，更有益于人的身体健康，可帮助人祛病强身、延年益寿，不应个人私珍秘藏，正如前辈大贤所说的“拳非私技，大道惠远”。父亲希望通过他的努力传播，可以让内功太极拳造福更多的人，使更多人受益。

1978 年 11 月，邓小平先生的题词“太极拳好”为太极拳界乃至整个武术界带来了和煦春天。传统武术在历经“十年浩劫”后，进入了蓬勃发展的新阶段。从上世纪 80 年代开始，父亲常常受邀参加一些太极拳的推广工作。

1982 年 9 月，父亲受邀参加“全国太极拳推手规则研究会”，与多位传统太极拳名家以及体育专家一起商讨太极拳推手的规则方式，草拟太极拳

1982 年李和生先生（前排右一）参与“全国太极拳推手规则研究会”留影

推手章程，提出了不少有益的建议。

1985 年国家高教部在大连组织“全国高校武术教师推手集训班”，邀请许多国内太极名家参与教学，父亲也在受邀之列。他向学员们系统地讲解了修炼内功对练太极拳的重要性。他观点新颖、方式独到的讲课方式让学员

1985 年李和生先生（左二）参与“全国高校武术教师推手集训班”留影

们大开眼界，几种力学在推手中的精妙应用更是让大家折服。学员们争相向父亲请教，不少学员从这次与父亲接触后，就开始不离不弃地追随父亲学拳，门里有几位资深的师兄弟就是在那期培训班后拜师入门的。

李和生与杨振铎、王培生、陈小旺等名家合影

1986 年，父亲再次受国家高教部邀请，参与在山西举办的“全国武术助教太极推手强化班”的教学，父亲的教学再次受到了学员们的热烈欢迎。

从 1988 年开始，父亲应邀多次到东北讲学，在鞍山、沈阳等多地传授内功太极拳。鞍山

李和生先生夫妇与鞍山部分弟子合影

是父亲最早系统讲授与传播内功拳的地方，可以说是我们这师门的福地，如今仅鞍山一地的弟子与学员就过千人。在这个小城市，每天都能在各个公园见到习练杨式老六路内功太极拳的身影，父亲的拳学造福了这一方百姓。为了让更多的年轻人了解内功太极拳的科学意义，父亲在东北大学为学生们授课讲拳，系统地讲授内功太极拳的科学性与意义，并悉心教授大家习练方式，在许多年轻人心中播下了太极文化的种子，为这门传统文化的代代延续打下了良好的基础。

李和生先生夫妇与沈阳部分弟子合影

90年代中期，父亲应邀连续四年到日本讲学，听他讲课的人非常多，从关东到关西，许多人一路跟随左右。他讲课主要介绍小功法治常见病和疑难病。他讲学所经之地，也常有高手前来过手切磋，体会父亲的内功。父亲的精湛技艺无不令他们折服。

李和生先生在日本讲学

2004年，一个叫玛亚的学生将父亲的有关著述翻译成斯洛文尼亚文字，并送给了这个国家的总统，总统读后被书中的内容深深吸引，随后就向父亲发来讲学邀请。父亲前去为他讲授中国的传统文化与太极文化，总统竟然在百忙之中腾出十几天时间听父亲讲课，听课之后对中国文化更是敬仰不已。父亲为中国文化的传播、为两国人民的友

李和生先生与学生玛亚合影

谊搭建了桥梁。

2005 年 4 月，父亲受新加坡佛学院邀请前去授拳，观众听课及看了内功表演后，对父亲的拳艺赞叹不已。临行前学院赠给父亲“拳传千里，薪火相乘”的纪念碑盘。

李和生先生在新加坡讲学与学员们合影

同年，已 80 岁高龄的父亲应香港中华传统太极拳拳道学会邀请，欣然启程前往香港。在港两周里，父亲为许多喜欢传统文化的香港同胞讲授了内功太极拳的修炼方式与意义，传授给大家许多有效的小功法。父亲的讲课受到了香港武术界的赞誉。香港拳道学会为答谢父亲的辛勤传授，赠送“武学泰斗”的镀金碑盘，并称父亲为“太极拳的活字典”。

香港拳道学会授予李和生先生“武学泰斗”碑盘

李和生先生在香港讲学

2007 年起，父亲连续四年到福建泉州、晋江传拳，分层次系统地讲授了内功太极拳三乘功法，带动了许多人习练内功太极拳，在当地形成了较大的影响。

李和生先生在福建泉州讲学与学员们合影

2007 年，父亲去新加坡、马来西亚传拳。在新加坡孔子学院授课时，面对到场的数百位听众与多家媒体记者，父亲完全脱稿授课、接受提问、演示推手，三个多小时里让大家听得津津有味、看得如痴如醉，获得了大家的高度赞誉，让孔子学院的院长惊叹不已。下课后院长找到父亲说：“多少名家大师来我们这儿讲课都是有稿子的，您这位八十多岁的老人不用讲稿还如此精彩，真是罕见啊！”父亲淡然一笑说：“念稿子讲就不是太极拳了。”院长感慨地握着父亲的手说：“我可是见到太极真人了。”之后的两年，父亲应邀再次到这两个国家传拳授道，获得了学员们的高度认可与称赞。

李和生先生夫妇与马来西亚的弟子、学员们合影

李和生先生与面授班学员们合影

2005年之后的几年，邀请父亲前去讲学传拳的地方越来越多了，已到了让父亲分身乏术的程度。为了不辜负各地学员的期望，2008年，应各地学员的请求，父亲开始在北京开办面授班，对来自全国各地的学员（人数限定为10人）进行封闭式训练，全面而系统地讲授内功练法。培训取得了很好的教学效果，这批学员回到各地后大都成为了传授内功拳的骨干人员，为发展、传播老六路内功太极拳作出了不小的贡献。父亲的这期封闭式培训班也为我们后来开办辅导班积累了丰富的经验。

鞍山第一届年会照片

李和生先生在扬州年会上讲话留影

李和生先生给来京参加培训班的学员讲课

2011 年，由鞍山的师兄弟们发起了召开师门大会的倡议，并于同年的 9 月在鞍山顺利召开了以父亲名字命名的第一届国际年会，数百位各地同门齐聚鞍山，畅议师门拳学的发展宏图。鞍山是父亲退休后全身心地投入授拳育人的事业的出发点，在这里召开年会有着特殊的意义。这届年会开得非常成功，为下一届年会打下了很好的基础。2013 年 5 月，我们又在南方美丽的扬州举行了第二届国际年会，这里的师兄弟们齐心协力，年会也开得非常圆满成功。2015 年 4 月下旬，在父亲 90 岁寿诞之际，我们将在北京召开第三届师门国际年会，相信这也将是一次让人难忘的师门盛会。

父亲过完八十五岁生日后，才应母亲与儿女们的强烈要求逐渐减少了外出讲学。但随后给我提出了要求，让我牵头在北京开设了每年两期的内功太极拳培训班。父亲坚持每期都要给大家讲拳授课，到如今培训班已开办十来期了，参加培训班的人数越来越多，在师门里逐渐形成了很好的向心力，为父亲拳学的正脉传承搭建了广阔平台，对师门拳学的传播发展起到了有力的推动作用。父亲还支持我和师兄弟出国去沙特三次传拳授教，甚至还为我们提前备课。为了传播推广内功太极拳，父亲付出了太多的辛苦，可以说做到了殚精竭虑。

柒

1990 年，父亲根据现代人的生活特点与疾病状况，编写了非常实用的《小功法自疗常见病》一书。这套小功法通俗易懂，为普通人防病、治病提供了安全而迅速可行的自疗方法。这本书一版再版，被气功宝典丛书编委会的专家们称为“简易省时显效自疗的神术”。原国家中医药管理局局长、我国中医药的权威吕炳奎称赞父亲是“中国第一个在气功疗法系统化理论化探索的学者”。

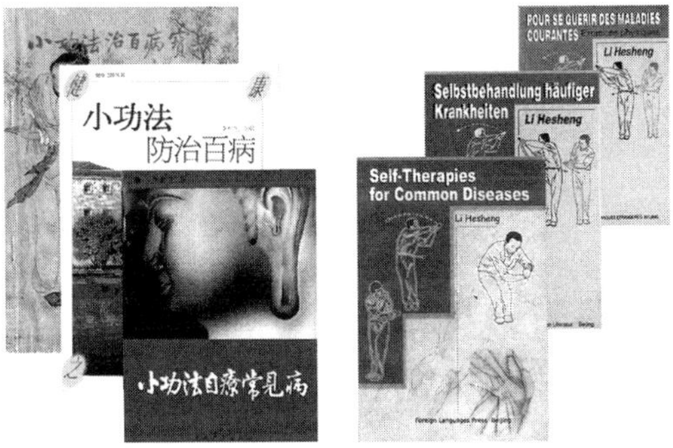

《小功法自疗常见病》的多个版本及国外翻译本

2006 年，父亲将自己数十年在内功太极拳上的研究心得汇集成册，出版了《内功解密——杨式太极拳老六路》这一近三十万字的著作。此书凝聚了父亲大半生学拳、练拳、研究拳的心血与体悟，一经出版便在太极拳界引起了不小的震动。它比较全面地阐述了内功太极拳的原理，系统地介绍了修炼方法，唤起了许多太极拳习练者对内功修炼的兴趣与重视，为许多陷入迷津的爱好者指明了修炼方向。父亲根据自己多年的经验，在书中提出了只要方法得当，内功太极拳的修炼可以“三年一小成、五年一大成”的观点，引起了许多同仁的关注。这本书曾多次再版，而市面上仍一书难求，许多习拳爱好者甚至打电话到家中来求购。后来这本书被译成多国文字传播于国外，受到了国外许多太极拳爱好者的热捧，许多人因参看了这本书而组团来京拜访父亲，向父亲学习内功太极拳。

父亲在太极内功上倾力研究，取得了让人瞩目的成果，但探索内功的脚步从未停下，如今耄耋之年仍不懈努力，未曾有过一丝固步自封。他说：“在内功太极拳上取得成就很不容易，有所建树更是难上加难。”近些年来，他不断审视过去所学，不断完善和修正内功太极拳理论体系，在内功太极拳的研究上又有了更高的成就与领悟。三年多前，他提出要重新出版一本书，在原著作《内功解密——杨式太极拳老六路》的基础上，修正其中的一些内容，添加上这些年他新的研究成果，将内功太极拳的理论体系更完整地呈现给世人。鉴于年迈与眼疾，书的内容由他口述，我与几位师兄弟一起整理完成，这便是现在这本《太极可道——李和生传杨式老六路内功太极拳解密》出版的缘由。书名之所以称为《太极可道》，是根据父亲这些年致力于"拳道"的研究，希望这本书能帮助有缘人了解"拳道"学说，能进入"拳道"这内功太极拳的高级研究境界。另外，"可道"也包涵着"可以用言语讲述与描绘"的意思，区别于现在一些人一说起"内功"就牵强附会前人所言，或极力往虚、玄上靠的做法。这本书中添加的内容，我们极力靠近父亲讲述的原貌与本意，也逐句逐段地与父亲校对，但肯定还有纰漏与不尽如人意的地方。或许有很多观点及内容与许多人的原有认识与看法相左，在此我们声明这只是一家之言，对争议不作辩解。

捌

经过父亲的不懈努力，内功太极拳造福了许多世人，让许多患病的人重获了健康，给许多苦修多年不得法的人指明了方向，还为这门传统文化的传承培育了许多的后辈新人，可以说作出了巨大的贡献。但对于我们家庭而言，父亲的练拳并不是一件让家人欢喜的事情。

父亲早年为练拳付出了许多精力与时间，对家务很少操心，家中重担大都压在我母亲的身上。那时还是计划经济，我记得那时父亲一个月只有 24 斤粮食的配额，家里的粮食根本不够吃，母亲每天都精打细算，确保老人与我们几个孩子都有吃的，还得保证练拳劳累的父亲能吃饱，而她自己不得不常常忍饥挨饿。

自从父亲在武术界有了些名气后，许多人开始追随他身边学拳，许多外地或路远的徒弟来了后经常就住在我们家里。那会儿我们姐弟最怕家里来人，因为一来就挤在我们姐弟三个人的大床上，大家横着挤成一排睡。一住就是十几天二十几天，吃住全在家里，还都是练家子，男女都能吃，等他们吃完，就只剩菜汤可喝了。一家人本来就吃不饱，一来人就更要饿肚子，所以母亲常常为这个事情犯愁。父亲是个老好人，不关心柴米油盐的事，总是笑呵呵地对母亲说："没事没事，你想想办法，人家大老远来不易。"对待这些徒弟，母亲就像亲生母亲一样照看他们，许多人后来学成后不常来看望父母了，可母亲还会时不时提起他们，惦记着他们的工作与生活是不是都好。

母亲性格坚韧善良，也很自主要强，生了我们姐弟三个全是她一手带大，她还要照顾家里的老人与父亲的起居生活，从无怨言。在我们小的时候，为了不耽误工作，她在产假 56 天后就抱着我们挤公交车上下班。现在想想，真感觉母亲那时的艰难不易。

在父亲后来的传拳中，母亲曾担负组织联系与总务工作很长时间，直到我退休后才转交过来。80 年代父亲外出传拳，母亲总是跟随同去，一是为了更好地照顾父亲的起居，也是避免自己在家担心挂念——父亲出去讲课传拳总免不了与许多人过手切磋，这种事常让母亲精神紧张，母亲总觉得自己跟随在父亲身边要心安一些。其实母亲喜欢安宁祥和的生活，更愿意一家子和和美美地过平静日子。她到外地常常会水土不服，身体会出现一些过敏不适的症状。车船劳累加上睡眠不好，每次外出归来都要调养很久才能恢复，这其中的辛苦她也只是和我们这几个孩子说说，在父亲的弟子与学员面前总是笑颜慈面，从不显露。从父亲写《小功法自疗常见病》起，母亲就协助父

李和生先生夫妇合影

亲收集、整理各种资料。在父亲编写《内功解密——杨式太极拳老六路》这部著作时，更是成了父亲最得力的助手，帮助父亲查阅、汇编资料与审定稿件，为著作的成功出版付出了许多辛劳。也是从那时起，母亲就开始非常细心地记录父亲在日常生活中说出的练拳心得体会。这次出版本书，母亲把自己记录多年的珍贵资料也交给我们参阅。父亲一辈子能全身心练拳、研究拳、传播推广拳，与我母亲的巨大付出和牺牲是分不开的。

我们姐弟三个幼时，深受父亲喜爱锻炼身体的影响，都非常喜爱运动。父亲带我们夏练游泳冬练滑冰，还为我们制定了简单易学的锻炼方法，连犯错误时的惩罚都是罚站桩。如今我虽已年过60，身体非常健康，脚还能举到嘴边，双臂握住一杆两端能旋转至身后。大弟弟练戟，还有一扔石子儿绝活，命中率极高。小弟弟练三节棍也非常厉害。孙辈们也都跟随爷爷练过拳、棍、刀。更让我们全家都觉得幸运的是，母亲晚年也开始练习内功太极拳，身体日益健朗安康，多年劳累造成的一些疾病竟不治自愈了。

父亲学拳是因为个人的兴趣，教拳、授拳是因为他觉得自己有这责任与义务。他从没有以教拳为生，也从不以拳去谋取名利。他不仅如此要求自己，也严格要求家人如此。他对我们教育最多的是为人处事要诚实本分，无论做什么工作都要努力做好。我们姐弟三个在上高中、大学后就不怎么跟随父亲练拳了，父亲对此并不强求。后来我们毕业参加工作，之后陆续成家有了孩

李和生先生夫妇与儿女们合影

子，各自越来越忙碌，就更少参与父亲授拳的事情了。我们只在回家时偶尔听父亲聊聊拳，或者听母亲讲讲父亲传拳的一些事情，基本置身事外。后来父亲陆续去各地甚至国外讲学，也有越来越多的人到家里来拜访，父母的身边，蓦然间多了许多亲如手足的师兄弟，我们这个家庭逐渐开始了以"拳"为中心的生活。

也是在不经意间，才察觉父亲已头发花白，母亲也不似从前那么硬朗，需要有人照顾了。于是，我提前办理了退休，开始专职照顾父母生活，协助处理一些日常事务。也开始每天跟在父亲身边习拳，接受父亲的言传身教。在父亲的教导下，我对太极拳有了全新的认识，逐渐有了自己的心得体会。在目睹许多练拳者或因练拳而恢复身体健康、或因练拳而拳艺精进的实例后，我明白了父亲呕心沥血传播内功太极拳的心愿，理解了他以内功太极拳造福大众的宏愿，也体会到了父亲对我严格要求的深意。父亲命我严遵教诲，与各位同门师兄弟一起将他的内功拳学好好地传承下去，确保内功太极拳正脉承传，这也是我将来最重要的使命。

如今，父亲虽已 90 高龄，仍练拳不息传道不止。看着在拳场与弟子们其乐融融的父亲，真心祝愿父亲寿比彭祖，乐享永年！

第一章

内功太极拳溯源

太极文化博大精深，源远流长，是中华文明最有代表性的文化之一。“太极”初见于《庄子》：“大道，在太极之上而不为高；在六极之下而不为深；先天地而不为久；长于上古而不为老。”后见于《易传》：“易有太极，是生两仪。两仪生四象，四象生八卦。”庄子之后，后世人们据《周易·系辞》相关“太极”的论述而逐渐推演成熟的太极观念。

太极文化是道家文化的根源。太极的概念是道教的宇宙论、宗教修养理论和法术理论的重要基本概念。在道家一般是指宇宙最原始的秩序状态，出现于阴阳未分的混沌时期（无极）之后，而后形成万物（宇宙）的本源。太极文化也深深地影响着儒家文化，经常与易学一起出现，二者有着密不可分的关系。

以太极观念看待万事万物的现象和本质的人生态度，以及这种思维方式本身，包涵着清醒睿智的哲思，其终极目的是希望人类活动顺应大道至德和自然规律，不为外物所拘，“无为而无不为”，最终到达一种无所不容的宁静和谐的精神领地。

太极拳是以太极哲学阴阳辩证理念为核心思想，集颐养性情、强身健体、技击对抗等多种功能为一体，结合易学的阴阳五行之变化，中医经络学，古代的导引术和吐纳术而形成的一种内外兼修、柔和、缓慢、轻灵、刚柔相济的传统拳术。它既是一种拳术，又是一门精湛的艺术。因而我们又把太极拳看成是近于道、游于艺的拳道。它是中华民族宝贵的文化遗产，是国之瑰宝，是中华武术园中的一株奇葩！太极拳属于内家拳，它的运动方式是内运外动。内功是太极拳的灵魂和根本，离开内功讲太极，无异于缘木求鱼。普及与推广太极拳内功学说，正是为了继承和弘扬太极文化，让太极文化在大众中发挥更大的作用和价值。

一、太极拳的历史源流

由于史料记述不全，太极拳的传承与发展历史在学术界还有一定的争议。

特别是清朝中期以前的传承与历史，更是少见有文字记载。我们认为太极拳历史悠久，源远流长，只是很长时间隐形于宗教、潜流于民间而不引人瞩目。直到一代太极拳宗师杨露禅及其后人将其传入京师，以超凡技艺威震华夏以后，才使太极拳这门古老技艺得到新生，并由此广为传播，引起大众关注。才使国之瑰宝、奇葩的光环得以灿烂辉煌！

（一）远古时期太极拳的发展及源流

太极拳早期的形成是一个漫长的时期，其沿革轨迹众说不一。有种说法是黄帝创造了太极拳的雏形。史料中有黄帝轩辕氏始创导引术，开后世养生术之端。创造刀、剑、弓、矢等武器而建武功……更留有诗曰：“黄帝偶行于坡前，见蛇雀相斗紧相连，雀攻蛇头尾相护，雀攻蛇尾头相连，黄帝一见非偶然，因此留下太极拳。”此段史料的真实性无从考证，但在武当山道观里至今仍然留存有黄帝观蛇雀相争而造太极拳的壁画（图 1–1）。

图 1–1

另一种比较常见的说法是宋朝的道士张三丰创造太极拳。考证张三丰的历史，据《南雷文集 · 王征南墓志铭》载：“宋之张三丰为武当丹士，徽宗召之，路梗不得进，夜梦元帝授之拳法，厥明以单丁杀赋百余。”又据《明史 · 方伎传》载：“张三丰，辽东懿州人，名全一，一名君宝，三丰其号也。以其不饰边幅，又名张邋遢。颀而伟，龟形鹤背，大耳圆目，须髯如戟。寒暑唯一衲一蓑。所啖，升斗辄尽，或数日不食，或数月不食。一日千里，善嬉谐，旁若无人，常与其徒游武当，筑草庐而居之。洪武二十四年，太祖闻其名，遣史觅之不得。”又据明郎瑛《七修类稿》内载：“张仙名君宝，字全一，别号玄玄，时人又称张邋遢。天顺三年，曾来谒帝，予见其像，须鬓竖立，一髻背垂，紫面大腹，而携笠者（图 1–2）。上为锡浩之文，封为通微显化真

图 1–2

人。”……还有的说，张三丰乃古时坐道隐士，因观雀蛇之斗，忽有会心，遂发明此精微深奥拳术，即太极拳。这同黄帝观雀蛇之斗而留太极拳是如出一辙。

此外，有些材料记载，在张三丰以前还有程灵洗、许宣平、李道子、胡镜子等人。这期间的历史跨度很长,有的拳种名称各异,只有许宣平(图1–3)所练之拳称为太极拳，而且各势各目也与今之太极拳大同小异。许宣平，唐朝人，唐江南徽州府歙县人也，隐城阳山，结箴南阳。身长七尺六寸，髯长至脐，发长至足，行及奔马。每负薪于市中，独吟：“负薪朝出卖，沽酒日夕归。借问家何处，穿云人翠微。”据说，李白曾访之不遇，遂题诗望山桥而回。此拳几百年之后传至宋远桥。宋所处年代与张三丰相同。据《张三丰小传》记载，宋远桥与张松溪、张翠山等人往武当山寻访不遇，经玉虚宫妙耳晤张三丰先生，七人遂拜张三丰为师。这同后来记叙张松溪传张三丰十三势太极拳暗合。可见，张三丰以前所承传的太极拳应是后来太极拳的铺垫或称其尚未完善的太极拳。

图 1–3

其脉络是，黄帝……次后是五大派系：

(1) 唐朝许宣平所传三十七式，再传宋远桥。

(2) 俞氏所传为先天拳，又传李道子，再传俞清慧。

(3) 拱月传程灵洗、至程氏子孙后改名小九天，共十四式，或称十四手。

(4) 段利享所传为后天法，传胡镜子，再传宋仲殊。

(5) 张三丰所传十七式。因张居武当山，又名内家拳。其拳以八门五步为要诀，故名十三式。

（二）张三丰至王宗岳时期太极拳发展状况及流派

有关张三丰的历史最为复杂，历史跨度很大，涉及几个朝代。但有一点可以肯定，自上述五个流派之后，历史记叙最多的是张三丰与太极拳的渊源。

无论是从内家拳的创立，还是有关拳理拳经的确立，都是以张三丰先师最为显著。张三丰之后，太极拳的传承有些模糊，有的说，张三丰先传王宗岳及其他弟子；也有的说，张三丰以后主要是传王宗岳（图 1-4），还有南派的张松溪等。

图 1-4

(1) 南派传承状况。南派的主要代表人员是张松溪和张翠山。其拳俗称十三式，即张三丰所授。张松溪传四明叶近泉，再传吴昆山、周云山、单思南、陈贞石、孙继搓。吴昆山传李天目、徐岱岳，再传余仲波、吴七郎、陈茂宏；周云山再传卢绍岐；陈贞石再传董扶兴、夏枝溪；孙继搓再传僧耳、僧尾、姚石门、柴元明；单思南再传王征南，再传甘凤池。其中尤以张松溪、王征南、甘凤池声名显赫。但后来南派影响较微，主要是以王宗岳所传承的北派一支，人气旺盛。

(2) 北派传承状况。北方主要是王宗岳得张三丰真传，名闻海内。王宗岳，山西人，清代乾隆年间（1736—1795）在河南洛阳、开封等地以教书为业。酷爱武术，精通拳法、枪法。著有《太极拳谱》和《阴符枪谱》。他的著作流传极广，被誉为太极拳的经典著作，对于后世太极拳有深刻影响。据资料记载，王宗岳得张三丰真传后，在中原一带授拳教徒，先传至河南蒋发，再传河南陈家沟陈长兴，陈长兴传河北永年杨露禅、陈耕云、李白魁等。

（三）杨露禅进京后太极拳的发展和流派

张三丰祖师传山右王宗岳，王传蒋发，再传陈长兴，陈再传杨露禅（图 1-5）……几百年的风云变幻，涌现无数圣贤、宗师，其中张三丰、王宗岳、杨露禅最是突峰显赫，并为太极拳文化建立了卓越的功勋。

图 1-5

杨露禅其名福魁，字露禅。河北永年县人。幼时与同里李伯魁到河南陈家沟向陈长兴学习太极拳。当时与陈长兴学拳的人都是陈姓，异姓很少。他二人是外姓，遂遭歧视。但由于求学心切，他们毫不灰心。初期杨虽居陈家数年，却毫无所得。偶然一天夜里，杨醒来，听到隔院有“哼哈”之声。遂起床攀墙，窥见大屋数间，屋内师父正教诸徒拿发诸术，十分惊奇。从此每夜必去偷看，回房后悉心研究，功夫大进。后来陈命杨与诸徒比试，徒皆败北。陈惊称杨是天才。于是将其秘术尽授于杨。杨学成归故里后，将所学拳术授于同乡，其中包括后来成为武式太极拳创始人的武禹襄宗师。

杨露禅进京后，清朝王公贝勒从学者甚多。遂名扬京师、燕赵之地，未有出其右者，旋即为满清军师旗营武术教师。在此期间得其亲传者，除其子外，还有刘万春、侯凌山、吴全佑等人。此三人后又奉杨露禅之命拜于其次子杨班侯先生门下。其中吴全佑最优。后来全佑同其子鉴泉、其徒王茂斋创吴式太极拳，这是第一个由杨式拳派生出的流派。

杨有三子，长子名琦，夭之。次子名钰，字班侯。三子名鉴，字健侯（图1–6），亦称镜湖，或称三先生。在三人中，班侯独得其全，功夫了得。班侯传刘万春、全佑、侯凌山、陈秀峰等。健侯传其子兆熊、兆清。兆熊字少侯，传田兆麟、尤志学。兆清字澄甫，也称三先生，传陈微明、武汇川、牛春明、褚德馥、闫促雁、陈农先、徐召雪、李雅轩、汪永泉、郑曼青等，即杨式太极拳的主流派。

图 1–6

纵观杨露禅进京以来，太极拳的发展脉络出现下列趋势：

(1) 武禹襄得杨露禅、陈清萍之传，并在河南其兄处得王宗岳的《太极拳谱》而独创武式太极拳。继而其外甥李亦畬得武式之传创立李派。郝为桢得李派之传，而创郝派。孙禄堂得郝派之传，而创孙派。

(2) 吴全佑、吴鉴泉父子得杨班侯之传而创吴式太极拳。在吴鉴泉南下江南后，北方则由全佑之徒王茂斋承袭发展，其徒有杨禹廷，再传弟子王培生，影响颇深，有“南吴（吴鉴泉）北王（王茂斋）”之称。新中国成立前后，吴式太极拳在国外颇为盛行，不仅在香港、九龙设有鉴泉拳社，而且在新加坡、马来西亚、菲律宾、加拿大等国均有分社。

(3) 蒋发传河南陈家沟陈长兴，陈氏传至十四世，又分老架、新架两种，新架创于陈有本，老架传承者陈长兴，陈氏延续至今，活力空前，并走向国外。

(4) 从杨露禅起至今，已历经几世，除班侯传承外姓发展吴式以外，健侯所传承的除其子而外，有北方的汪永泉一支；四川李雅轩一支；上海陈微明一支；台湾郑曼青一支；再就是杨家直系传杨振基一支。他们各有特长，都颇有影响，应该说，现在仍然是太极拳的主流派。

概括起来，就全国太极拳流派的发展，尽管有多种说法，派系纷呈，但主要的或是为拳界肯定的，仍然是陈、杨、吴、武、孙五大流派，其他都是这五大流派的衍生或分支。

二、杨式太极拳的历史地位

太极拳从古至今已历经千年。尽管因史料不全对早期太极拳的研究受到诸多限制，不能按年代和人物、事件详述，但也能从蛛丝马迹中寻根问底，进而勾画太极拳发展轨迹。本着宜粗不宜细的原则，其发展的历史阶段如下。

太极拳的萌芽或诞生初期，从黄帝观蛇雀相斗而感悟太极拳传说开始，至程灵洗、韩拱月，继而几百年后传至程秘。许宣平传宋远桥，再传李道子、胡镜子至张三丰。这期间约跨几个朝代、几近千年。从许多史料分析，这段历史只能说是太极拳产生前的准备阶段。到张三丰才准确地确立以武当派为主流的内功太极拳，所以称张三丰是太极拳的鼻祖、创始人。从太极拳祖师张三丰始往下传承，又经历若干年的历史，直到山右王宗岳的出现，第二次把太极拳推向高峰。尤其是山右王宗岳在太极拳理论上的建树——《太极拳谱》的问世，为太极拳的发展树立了第二个里程碑（第一个里程碑是张三丰）。王宗岳的《太极拳谱》所论及的太极拳理论，全面地反映了太极拳的基本内涵，划清了太极拳和以往任何拳种的区别，使自身融于道、儒、释理论框架之内，成为与中华传统文化息息相关的内家拳。王宗岳在太极拳理论上的贡献是史无前例的。

杨露禅在太极拳上所做的卓越贡献，使他成为太极拳发展历史上的第三个里程碑。

首先，杨露禅是最为完美地落实王宗岳太极拳理论的太极宗师。什么是太极拳？怎样练习才叫太极拳？从理论上只能到王宗岳的《太极拳谱》里去找。而在现实生活中太极拳是什么样子？直到杨露禅出世，世人才真正明白。杨在永年乡下时，曾与人在城墙上相斗，对手不敌，直退到城墙边缘，站立不稳，即将坠落时，杨忽于两三丈外，陡跃向前，攀握其足，挽救对方，使其免于坠墙而亡。有一天正下雨，杨坐在屋里，看见一人捧个铜盆从外面进来，走到台阶前门帘还没揭，前脚踩着苔痕一滑，将要摔倒，杨一跃而出，一手揭门帘，一手扶那人手臂，竟然人未摔倒，水也未洒。可见他功力之神矣！杨在京时，不知引起多少靠武术吃饭的各门拳师们的嫉妒。有一位拳师主动要与杨露禅交手。杨开始拒绝，此人以为他害怕，更执意请战，杨推辞不下只好答应。杨先让对方击他三拳，拳师暗笑，于是拿出看家本事向杨腹部猛击，笑声未落，此人已被发出三丈开外。故而京师人称他“杨无敌”。

其次，以往的诸多太极拳先哲，如张三丰、王宗岳、蒋发等，多数都是名门望族或官宦儒生出身，只有杨露禅是位普普通通的平民百姓。杨以自己的高超技艺走出农村，走向京都，创造了前所未有的丰功伟绩。在他有生之年的三代传人中人人习武，个个英豪，历经百年，门庭不衰，这也是中华武术史上一个空前的奇迹。

最后，杨露禅作为第三个里程碑的重要标识，是他及其第二代、第三代传人为太极拳创造了一个“太极盛世”，特别是第三代中的杨澄甫（图 1–7）为太极拳的传播与发展贡献卓越，亦被后辈誉为宗师。当今影响最大的五大流派中有三个与杨家密切相关，是杨氏父子亲自传承的吴式太极拳、杨式太极拳、武式太极拳。而陈式太极拳也因其传杨露禅而名垂千古。这里需特别提到的是武式太极拳，他不仅是因得到杨露禅、陈清萍的传承创立了武式太极拳，而且就其太极拳的法理建树来说，武禹襄及其外甥李亦畲，同杨家一样是第三个里程碑的代表人物，对太极拳的发展做出了极大贡献，并且还派生出了李派、孙派太极拳。

图 1–7

杨、武等太极门派的发展，使得中华民族的国宝、奇葩更加光辉夺目，它不光是中国人民的传统文化遗产，也是世界人民的宝贵财富。在新的21世纪里，太极拳还将以它独特的魅力影响世界！

三、杨式老六路内功太极拳的传承脉络

杨式老六路内功太极拳是杨健侯晚年修订完善后传给家人与弟子练功的拳架，是健侯在杨露禅的“绵拳小架”基础上修订而成，我们也称这趟拳是“健侯架”。

杨健侯（1839—1917），是杨露禅第三个儿子，人称“三先生”。自幼随父习拳，天赋极高。其拳刚柔并济，出神入化，刀、剑、杆各种器械无不精通，深得露禅武学的精髓，曾任清朝神武营之教练。健侯推手尤为出色，只要与其一接手便想跑也跑不了，有“神沾圣手”的美誉。尤其神异的是，他能止燕雀于掌中，使之不能飞去。这是因为鸟类在将飞之前，两足必先下沉，沉后得势，方可耸身上飞。健侯能听其两爪下沉之劲，随之往下松化，则燕雀无力可借，所以不能上飞，由此可知健侯太极听劲与化劲之灵敏奇妙，绝非他人能够望其项背。健侯周身皆能发人，接手即有触电感。而发劲辄在一笑一哈之间，发人人亦不能逃，发劲急而轻灵。健侯认为劲要发得巧妙方为上乘，在其助父教拳时，已十分注意强调内功的修炼，禁止硬力的使用。

杨露禅逝世后，杨健侯接替父职在京授拳。他为人宽厚仁慈、秉性温和，从不恃拳傲物，有极高的武德，跟随其学拳的人非常多。健侯有三子均从其学拳，长子杨少侯，次子名兆元早亡，三子杨澄甫，弟子有许禹生，亲授传人有牛春明、田兆麟、李雅轩等人（应健侯之命均拜在杨澄甫名下），郡王府溥伦贝子、汪崇禄亦得其所传。

杨澄甫（1883—1936），为杨氏第三代传人中的佼佼者，近代被称为杨式太极拳之宗师。其人性格温和，其拳外软如绵而内坚如钢，引人发人均臻上乘。晚年在健侯拳架的基础上定型大架（常见为杨式八十五式），其拳架舒展大方，气势磅礴雄伟，流传甚广。门徒众多，门下名家辈出，佼佼者有田兆麟、陈微明、武汇川、崔毅士、李雅轩、汪永泉、傅钟文、郑曼青、董英杰等人。

汪永泉（1904—1987，图1–8）。七岁开始跟随其父向杨健侯、杨少侯

父子学习拳艺，因体格魁梧、聪明好学，备受杨家父子喜爱，并常为少侯展示拳艺、当陪练。1917年，杨健侯指定汪永泉由杨澄甫指导学习，直至杨澄甫1928年南下为止。在杨家门里有机会向杨健侯父子三人学过太极拳的人或许没有第二人，加上其父汪崇禄对他严加调教，他真正地继承了杨家太极真功的精华。早期对外传授杨健侯传老六路拳架，对内功修炼亦多有建树。继承其拳学的主要弟子有朱怀元、孙德善、张广龄、高占魁、张孝达等人。

图1-8

朱怀元（1911—1999），是口述作者的授业恩师。他1934年起跟随汪永泉先生学习健侯传杨式老六路太极拳，1957年正式拜在汪公门下，追随汪公学拳一直到汪公仙逝。朱怀元是汪永泉一脉的佼佼者之一，是众多汪门弟子中功夫最佳、学生最多、影响最广的人。他一生从不张扬，默默练拳，潜心钻研，精心授徒，为传承汪脉杨式老六路太极拳付出了自己全部的精力和心血。他的拳艺精深，武功精绝，其传授的“老六路”太极拳刚柔并济，实臻化境。他教太极推手时，只见一引一发人即腾空而起，数米外两脚才能着地，应了拳语所说的“搭手人翻三丈六”，使观者无不拍手称奇。朱怀元从不轻易与外人过手较量，故有“隐世奇人”之称，其四子朱春煊从其学。

李和生（口述作者），1926年生于北京。1946年跟随“李氏三杰”之嫡传弟子唐凤亭学习形意拳术及形意内功。1953年拜武术名家王培生为师，习练吴式太极拳和八卦掌，并得到杨禹廷、吴图南等名家悉心指点，深得吴式太极拳真传。1976年拜朱怀元为师，跟随朱怀元、孙德善、高占魁等人学习杨式老六路内功太极拳，深得汪脉内功真传。“十年盘一拳，十年练一功”，终得内功拳之绝学而顿悟。一生致力于太极内功研究，集诸家之所长创建了太极内功的“三乘功法”训练体系，提出了只要方法得当，练习内功便可以做到“三年一小成、五年一大成”的观点。晚年以个人体悟对杨式老六路内功太极拳进行了改良与修正，使其更符合推手技击的原理以及养生健身的目的；并根据多年的研究心得，提出了内功太极拳“拳道”学说，为内功太极拳的传承与发展作出了一定贡献。

四、杨式老六路内功太极拳的特点

（一）什么是内功

内功是指人身体内的功夫，其本质就是神、意、气三者相互化合，从而形成的一种气势与支配自如的能量场。在这里应当排除一种误解，即不能认为内功是神、意、气三者的集中；或三者最后的结合落在力上，这样容易形成拙力，失去了太极拳的真谛，发挥不了内功的作用。

太极拳的运动方式是内运外动。通常所说的内运运行的是气，“三乘功法”中则是指以“腰、炁、神经”作为劲源的内在运动；外动动的是形体。无论运行的是“气”，还是“腰、炁、神经”，都必须是内运在先，外动在后。这样的内在运动是看不见摸不着的，因此称为“静中之动”，像水的流动一样，寂静而灵活，随机应变，用时亦能汹涌澎湃、摧枯拉朽。

（二）老六路内功太极拳的特点

杨式“老六路”是杨健侯在杨家内部承传的传统套路，与杨班侯传授的小架和后来杨澄甫定型的杨式大架套路相比，这套拳路更能体现出杨式独特的风范。

第一，中正安舒，开展大方。这首先是指套路和推手中的外形来说的。有些拳家不注意形体上的要求，甚至说出“太极拳无形无象”、不在外形。这是对拳理拳法的误解。殊不知，形不正、气不顺、劲不整，形与内是相辅相成的。杨澄甫说：“太极拳要立身中正安舒。”他的高足汪永泉形象地把人体比为一口大钟，用钟蒂、钟顶、钟身及吊于中心的钟锤构成立身中正的肢体语言，说明身形对练拳的重要性。也有的拳家用对仗语言强调立身中正，如“端正身法脊竖起，气顺劲整神奕奕”。只有身形端正、四肢百骸才能舒展大方，“根松摧，中通顺，梢发透”，形正与内气畅通运转互相依存。所以，要使拳架舒展大方，从肢体上要对拉拔长；圆裆开胯，竖腰立顶，平整匀圆。

第二，大松大软。松是太极内功修炼最重要的一环，是练太极拳的基本要求。松与不松，是一般意义上的松还是非松不可，还是要追求大松大软、松透松净？这是杨式太极拳最突出的特点。“一分松，一分功”。如杨澄甫所说：“一个松字，最为难能，如果真能松净，余者末事耳！”所以说，松软是太极拳的宝贝，是太极拳的灵魂。太极拳练到老不外一个“松”字。如有一点不松，一节不松，到老也是不通。对此，本书有一章来论及，在此不赘述。

第三，用意不用力。它与放松一样，是杨式太极拳的根本特点。有关用意不用力方面的论述很多。某些流派也都把“用意不用力”作为拳理拳法来研究。但总是怀疑“大松大软”之后的“太极功夫”。故此，在这个问题上非要加上修饰词。比如有的说，松是要松，要松紧适度；所谓“用意不用力”，只是不用多余的力，不用力怎能行拳走架，软软绵绵的手，怎能发人、打人？诸如此类的认识不胜枚举。一句话就是从根本上否认“不用力”能“四两拨千斤”的太极功夫。杨式太极拳从杨露禅宗师起至今，始终坚持“用意不用力”的练拳法则，一用力即落旁门。太极拳就是要找“不用力”的气势，找“不用力”的功夫，练就“神、意、气”的“大力神威”，超越外家拳种的“腿脚功夫”，用“精、气、神”打出一个“极柔软，然后极刚坚”的太极神功！

第四，内外相合，上下相随。打拳盘架要在松、稳、慢、匀的基础上，做到内外相合，上下相随，追求一个“整”字。所谓“内外相合”，是指在练拳中，要内气与外形相互配合。拳理讲“以意导气、以气运身”，内气与外形动作要配合一致。每招每式都要坚持先运内气，而后动形，即运而后动，运而知，动而觉，形成内外协调的动作。避免光在外形上下工夫，不注意内气的协调配合，不但不能增内功，而且有害于健康。所谓“上下相随”是在“内外相合”的条件下，每招每式上下相互照应，手随身动、步随身换、上下一体、四肢配合、一线串成，仍然是强调一个“整”字。练起拳来，动静咸宜，以静代动，一动无有不动，一静无有不静。正如杨禹廷所说：“上下一条线，头上虚灵顶，脚下阴阳变，中有腰胯领，两手松空转。”以头虚领，以腰胯带动四肢，使意气得以下沉，两足互相配合，协调运动，轻灵的变换虚实，形成整体旋运。

第五，虚实分明，阴阳相济。“太极拳术以分虚实为第一义。”这话是杨澄甫在《太极拳说十要》一文中说的。我认为澄甫宗师把虚实看成是修炼太极内功的根本所在，是对拳道的精辟解析。所谓“拳道”就是懂阴阳，知虚实，阴阳就是虚实，虚实是“拳道”的第一要义。所以澄甫宗师说：“如全身皆坐在右腿，则右腿为实，左腿为虚；全身皆坐在左腿，则左腿为实，右腿为虚。虚实能分，而后转动轻灵，毫不费力；如不能分，则迈步重滞，自立不稳，而易为人所牵动。”

当套路记熟以后，就要把注意力放在虚实上。分虚实首先是两脚的虚实，只有脚上分虚实，整身才能虚实清楚。左脚虚，右脚实。同样左脚实，右脚则虚。与此相关的上肢也虚实变化，左手虚，右手则实，反之亦然。当然实也不是一下扎死，虚也不是完全无意，虚实是渐变的，阴极则生阳，阳极则生阴，阴阳相济，虚实分明，才能内外相合，上下相随，气顺劲整才能练出太极内功。否则，虚实不分，就是双重，就是水火不容，落入旁门，离道远矣！

从本质上说，凡是内家拳或称内功拳都应有以上五个方面的特点。除此以外，练太极拳所要求的缓、慢、圆、匀，或体用兼备、具有广泛的群众性等，是任何流派都具备的，无一例外。

五、杨式老六路为什么特别强调要练内功

杨式老六路是汪永泉早年在杨家所学，据传是杨家的家人练功拳架，是杨健侯在其父杨露禅传“绵拳小架”的基础上改进而成的“中架”拳。由杨健侯亲传给汪崇禄与其子汪永泉。这趟拳特别注意对神、意、气三者的锻炼，这三者的化合能形成一种特殊的能量，通过正确的锻炼可以增强它，可以自如地支配和控制它，本门内称这为“能量流”，内功太极拳练的就是这“能量流”。在修炼时必须要全身放松，圆而不懈，不能有一点刚强的表现。身上任何一处用力，对这种内在运动的运行与气势都会有阻截作用。

据汪永泉先生的书中记载，这趟拳“每招每式都有其特定的内涵，身形、手式与身内神、意、气的配合缜密而一致。练习的风格确与其他拳种不同。尤其对培补元气、健身祛病的功效颇为显著。故此在练习中我特别强调内功劲法的运用，因为它是太极拳区别于外家拳的关键，无论对于养生还是技击都至关重要”（摘自汪永泉著《杨式太极拳述真》第 21 页）。由此可见练习杨式老六路离不开内功的修炼。

太极拳以拳架为体，内功为本，推手为用。离开内功，就如无本之木，无源之水，拳架就成了空架子。太极拳的博大精深主要体现在内功的修炼上。

在参悟高占魁师叔的意念训练口诀“意念指胯肘，劲源自上手”“内部

出虚线，意念领着贯”时，我曾把它当作方法练习，收效极微。后经朱怀元恩师教导说：“‘老六路’是健侯宗师教家里人练的内功拳，它完全按照拳道学的总则——阴、阳修炼，阴指内功的修炼，阳指外形的呈现，故分为形式与气势两种。”经过研究学习，我认识到人的内气是先天具有的，人们因为后天的劳动取代了先天的内气使用，人在长久的生活过程中，先天的内气因此而变成潜在的能量，由于先天的内气长时间未被调动利用，所以未能有效地增长壮大。一旦练习者能够掌握正确的方法修炼，这一潜在的高能量就会又被激发出来。在恩师的谆谆教导下，我从重新认识到掌握，从掌握到修炼成功。这正确的方法正是今天我们提倡和推广的拳道学理论内外兼修之法。

要想追求拳道学的高境界，首先要具备一定的条件，就是要有独立思维。就太极拳而言，能得到杨家真传的人实在不多，当今教授太极拳的老师确实不少，尽管所知所练的只不过是太极拳的外形的皮毛，却都把自己装扮成绝无仅有的一代传人。若在这种老师教导下，只能越练越糊涂，练得越熟离拳道学越远。

六、内功在养生健身方面的益处

现代人们在物质供应充足之下，都希望身体健康而长寿。在保健养生的各种锻炼中，练内功是一种有奇效的锻炼途径，也就是说通过练习内功让内气得到培养，将更有益于人的保健养生。看到那些内功锻炼者精神奕奕，容颜焕发，容颜比实际年龄都显得年轻，七八十岁仍肌肤润滑，身体健康，真是让人羡慕。内功的锻炼，使人的五脏六腑都得到按摩与锻炼，促使神意气与躯体得到中和，关节、经络因有内气的灌注而得以圆活运转，从而人体内气充沛，而能延年益寿。

杨式老六路内功太极拳的第一乘功是练腰功，亦即“以腰变手”。所练之“腰”，不是裤腰带勒之处，而是要求练腰肌上部两个肾脏外面的两块肌肉，通过肾脏外面两块肌肉的锻炼，强化肾脏功能。

俗话常有“肾藏精”之说。肾是人体生命的根源，所以称之为“先天之本”。它的主要功能是促进人体的生长发育。肾脏靠后腰的位置有处人体非常重要的穴位叫“命门”，命门是人体唯一能产生热量和发送热量的动力。而这一动力的物质基础叫作“精”，精是人体活动的物质基础。肾藏精的含义有二：一个是后天之精，是五脏六腑生出来的精气，它包括能够滋养脏腑、肢体、五官等各部位组织的精微物质，包括精、血、津液，这些精气来源于食物里的精华部分，是维持人的生命营养、人体各部组织器官并促进其生长发育的基本物质。二是先天之精，它又分为两部分，一部分是指人体生命活动，在生长发育过程中的物质根源，即所谓的“先天之本”。另一部分是指人类生育繁殖的基本物质（与男子的精室、女子的胞宫有关），这部分精的生成、储藏与排泄也是由肾主管。精是有生命力的，它不但有生长发育能力，并能抵抗不良因素的刺激而免于疾病。因此精的盛衰是人体生、老、病、死最基本的内在根源。先天之精与后天之精是互相辅助、互相为用的，先天之精需要后天之精的营养，才能维持其活动能力，后天之精也必须靠先天之精蒸化，两者共处在一个共同体中，一方强或衰，必然影响另一方的功能。所以说，它们是“存则共存，亡则都亡”。

总之，太极拳第一步内功要求必须修炼好“腰功”。通过腰功的锻炼，有极大好处。练好肾脏对其他内脏也有好处。人的生命活动，就是靠内脏间的密切联系所构成的人体生理功能的整体性。这些内脏虽然各有其不同的生理作用，但彼此之间又是互相联系、互相依存、互相制约、互相促进的。

肾和心之间有一定关系。一是阴和阳的关系，又称“水与火”互济；二是精与神的互根。心居上焦，其性主动，故以阳“火”为主；肾居下焦，其性主静，故以阴“水”为主，心阳下降，温暖肾阴，肾阴上济，滋养心阳，上下相交，动静相合，始终使人保持在一个绝对的平衡状态，这种现象叫“水火既济、心肾相交”。如果肾水不足，不能上济心火，心火独亢，会出现失眠、健忘、多梦、遗精等现象，这就是心肾不交等病症。

肾与肝有肾肝同源之说，如果肾阴不足，肝失柔养，就会导致肝阳偏亢，而出现晕眩、头痛、急躁易怒等病症。

肾与肺之间也有一定关系。肺的呼吸功能要靠肾的纳气，所以有“肺主呼吸，肾主纳气”之说，若肾虚不能纳气，就会造成呼吸浅表的病态，一些慢性气喘病，往往与肾不纳气有关。

肾和脾当中，肾为先天之本，脾为后天之本。脾的运化功能，必须得到命门火的温煦蒸化才能完成；反之，命门火又有赖于后天之精滋养。因此，两者之间是相互依存的。肾与脾在水液代谢上，也是互相协调的。若脾虚失运，导致水湿停蓄，影响肾的气化，就会出现水肿等症。

这些年，很多人通过老六路锻炼，特别是“腰功”锻炼，使很多慢性病得到明显的好转。有位患脑干梗阻、左侧偏瘫的病人，经过几个月的“腰功”锻炼，肢体恢复正常。很多慢性病人通过“腰功”锻炼，慢性病痊愈了，身体强壮了。可以说练习“腰功”有病祛病，无病保健强身。

太极拳的第二乘功是炁功，亦即是“以炁变手”。它主要培养体内“元气”，拳架中手的各种活动都要在“元气”的支配下运动，当元气充足了，身体自会强壮起来。从现代物理学观点看，气是一种带有能量的物质，它实际就是一种生物电场。人体气是有一定规律的，到一定年龄就会发现气虚、气短、气滞，最终气绝。在中医看来气比血更加重要，因为万物生于气，并不生于血，人生病，大多为气的阻滞、不畅所致。中医治病，首先要调整气运和疏导气路，气通畅了，疾病自会痊愈。

太极拳的第三乘功是神经。通过神经的锻炼能很好地疏通人体经络，激发人体的潜能与自我保护能力，达到很好的养生健身效果。

内功锻炼，也就是“三乘功法”的锻炼，可以很好地调理人体的气血，改善和促进各系统的循环，舒缓愉悦精神状态，润养五脏六腑，使人们得以健康，达到延年益寿的目的。

七、内功在推手、技击方面的作用

太极拳的推手与技击有其独特的特点与方式，建立在具有辩证特点的拳理拳法之上。杨露禅初到京城传拳时，因其拳式看似绵软无力、缓慢柔和而被众人不屑，直到其屡败各路高手而名声鹊起，才引起了众人的瞩目。杨家凭借此拳博得“三代杨无敌”之称号，若无雄厚内功作后援，单凭“绵软柔和”是不可能形成如此强大的搏击实力的。

王宗岳的《太极拳论》中有语云：“察‘四两拨千斤’之句，显非力胜；观耄耋能御众之形，快何能为？”由此可以看出太极拳的推手、技击不是以与人较力为目的，也不是在动作技巧与外形迅捷上下工夫。文中很明确地指出：“斯技旁门甚多，虽势有区别，概不外壮欺弱、快欺慢耳！有力打无力，手慢让手快，是皆先天自然之能，非关学力而有为也！”以通过较力来决定胜负，以追求速度、技巧为目的的锻炼方式，都是对太极拳修炼的误解，不是真正研究太极拳，也不是太极拳内功上要追求的东西。武禹襄也在《打手要言》中明确指出：“极柔软，然后能极坚刚”“有气者无力，无气者纯刚。”可见太极拳的表象与实质是有很大的区别的。

一般的技击术，多是以训练力量与速度来达到制敌的作用。太极拳则是讲究“用意不用力”，其目的是抑制后天的习惯用力，使身体各部分都要练得虚灵、松静，让先天的无意之意即“元神”发挥作用，把这种潜在的功能激发出来后，太极拳就不仅仅是不用力了，而是由神、意、气化合生成一种新的物质，我们管它叫“能量流”的整体劲，这是一股占绝对优势的内劲，发劲时，如迅雷不及掩耳，一发即收，令对方惊心动魄，不知所措。

“能量流”是体内神、意、气化合的结果，它以先天神、意、气为主，经过长期修炼而生。神、意、气充足，体内五脏六腑、体外四肢百骸活动正常，精神、意识、知觉就旺盛。“能量流”的巨大能量在意念的指导下，“无中生有”，在推手中就能使对方在不知不觉中被击中重心。正确地发挥内功“能量流”的作用，它正像近代所采用的定点、定向人工爆破作业一样，让目标什么时候倒，往什么地方倒，全在我们的掌握之中。

从推手技击的角度看，只要双方一有接触，就必须让对方感到摸不着、感到空。在此“无中生有”中，轻轻地将自己的内气灌入对方身体，一有攻意，对方便会砰然而出。不触及对方身胸，就不会使对方受伤，对方也不会有被冲撞疼痛的感觉。内功发人是靠神意驱使的一种气势，并不是用手去推或顶撞之类，意念一想就到，对方既没有准备时间，更没有还手时间，内功发放直透人的内脏，使人心惊胆战。

要想不用力而用神、意、气摧毁对方重心，就要做到松、静自如，以静制动。让对方摸不着，有劲使不出来，对方两手只能在圆体球皮上活动。而且我们要“逆来顺受”“舍己从人”，让对方攻进来，我们要松而不懈，粘黏连随。发时要劲发一点，就像枪膛里射出的子弹，透其中心。

歌决曰：“形体圆球转，周身是弧线，内气作后援，碰上如触电。”

身躯和四肢是外形，是第一系统；神、意、气无形无像，是人体的第二系统。我们练习内功，就是要充分调动第二系统的能量。第一系统的能量是有限的，第二系统的能量是无限的。我们的身体第一系统，它的能量和速度，随着年龄的增长而逐渐消退，男士 60 岁、女士 50 岁以后，力量和速度都会自然减弱。例如一个举重运动员，当他举到一定重量后，再让他增加一点点重量都很困难，这种能力也会随着年龄的增长而减弱，如果他停止锻炼，力量和速度都日渐减弱。第二系统通过内功锻炼与激发，不受性别和年龄的限制，活到八九十岁，只要坚持锻炼，能量仍然可以不断地增长。王宗岳《太极拳论》云："察四两拨千斤之句，显非力胜；观耄耋能御众之形，快何能为？"说明太极拳的取胜不是靠力量取胜，也不是靠速度快。那是靠什么呢？是靠内气，是锻炼人体第二系统激发出来的巨大能量。这也说明内功增长是无止境的。内功锻炼激发的能量也不会自然消退，假设你练到一定的程度，你休息几年再练，不是回到从零开始，而是还从原来已练到的那个水平起。通过内功的锻炼，可以很好地调动利用人的先天元气，一旦人们能够掌握正确的内功修炼方法，潜能便会被激发出来。内气这第二系统，可以无限制地培养壮大，第二系统的开发是永无止境的，因为它没有限制。自古至今，谁也不可能知道第二系统的极限。先辈将内气修炼的极限，用"神明"二字作为终结。

内功太极拳，要求练拳与推手都用第二系统的神、意、气的气势，来支配身体的运动。在推手时，我们称为"有手似无手"。彼摸到我手时，他第一感觉是松软，没法使力。随即感觉自己的身形、腰、腿脚被一种无形的能量控制住。此时如果想调整自己，手上稍一用力，即会被弹射出去。用第二系统攻击人，对方跌出很远，而且不知其原因——第一不知哪打来的；第二不知道如何躲闪；第三不知道什么时候打，没法反抗。若是把第二系统正确地开发出来，它比第一系统肢体的能量要大数十倍，甚至无极限。

第二章

太极松功

松功是修炼太极拳内劲的重要一环，是练习内功太极拳的基本要求。对此，无论在理论认识上，还是在练功实践中，都存在着不少的错误认识和误区。从古至今，尚没有一本著述把这个“瓶颈”问题阐述清楚，在实践中真正练出功夫的人更是很少。所以前人曾说：“真正能松通者，一代人出不了几个人，能出者可谓凤毛麟角。”正因为如此，不少的太极拳爱好者，乃至专业太极拳工作者，在“松功”面前产生困惑，甚至遗憾终生——到头来竟仍没有跨入太极门。本人通过六十余年练拳的积累和先辈们的教导，并依据太极拳古典论著的思想，对“松功”进行了较深入、较系统的探索，对此有所领悟。我认为围绕“松功”应着重研究以下几个问题：

1. 何为“太极松功”？修炼“太极松功”的意义是什么？

2. 在修炼“太极松功”中应注意哪些错误认识或误区？

3. 怎样修炼“太极松功”？太极松功的具体方法？

一、“太极松功”的内涵及修炼“太极松功”的意义

（一）“太极松功”的内涵

太极拳作为区别于外家拳种的内功太极拳，它之所以被人们称为“国之瑰宝”，不仅是因为它与几千年的中华文明、中华文化相联系，还在于它独特的修炼方法及其所产生的超乎寻常的能量或称功力，即“四两拨千斤”的神功而誉满全球。正因为此，人们才送给它“国粹”“瑰宝”“奇葩”之称。

太极拳的修炼方式或者称之方向，与其他拳种是截然不同的。它不主张一开始就去练劲，更不是通过刚性锻炼，增强肌肉的韧劲而壮力，恰恰相反，它要求修炼者全不用力，而是在“用意不用力”的行功走架中，找大松、大软的感受，找虚无的气势，找神明的感应，找莫测的变化。从一定意义上讲，这就是“太极松功”。

杨澄甫说：“要松、要松、要松净，全身心松开，不松就是挨打的架子。”

少侯说，太极拳“就是因为松松软软的，打出的劲才非常大呢”！

杨澄甫说：“一个松字，最为难能，如果真能松净，余者末事耳！”又说：“松，要全身筋骨松开，不可有丝毫紧张，所谓柔腰百折若无骨，只有筋耳。筋能松开，其余尚有不松之理乎！”

所以，太极拳的“松功”应包括以下几点内涵。

1. 要在思想意识上，神意内含以存静养，劲道始有收藏。拳一动不忘松净，灵慧才能生长。

2. 在思想意识的引导下，形体上逐步达到最大限度的松柔。日日以松沉之心意去灌输，久之自能达到真正的放松。

3. 在松的标准上，要求不仅从精神、肉体、关节、筋络等内外俱要松净、松透，而且要松得一丝都不能承受外力，即“一羽不能加，蚊虫不能落”；松到没有一丝杂念，盘拳如梦游一般。

（二）修炼“松功”的意义

周身松开，上下完整是太极拳必需的条件。如动作不整，整而不松，或光肩松而腰、胯、筋、背不知如何松，或肘、腕、指节等不知如何松，此皆非正规传授也。

可见，松对于练好太极拳意义非常重大。

首先，松软是太极拳的宝贝，是它的灵魂。懂得什么是真正松软，练拳和推手才会进步。非松软纯净内劲不生，如不松软，反不如不练内功。极松软，然后极坚刚。

其次，松是练习内功太极拳的基本要求。“一举手，一投足，稍一用力即落旁门”。可见，“一分松，一分功，松到一无所有是真功”。

再次，松是练习内功的基础。要彻底放松，不然内气在体内永远也形成不了，真正松透确实不易，全身放松非下一定工夫不可。一心想松，久之身势自能放松，动以心气为主，四肢跟随自然会调整，呼吸纯任自然，内外自能合一，拳意亦自能上手。

总之，太极拳练到老，不外一个松字，如有一点不松、一节不松，到老仍是不通。

二、在修炼“太极松功”中应注意的几个错误认识或误区

从古典拳谱来看，“太极松功”不应带来练拳中的偏差或谬误，而目前实践中出现较多误区。查其原因，并非简单，而是由多种原因造成的，概括起来不外乎有以下几个方面。

第一，由于《拳谱》中对“太极松功”没有专门论述，虽然有“专气致柔”“稍一用力即落旁门”“观耄耋能御众之形，快何能为？”……但终没有明白地提出太松大软、松净松透的要求。尤其有的“宗师”们，在解释“古拳谱”时，加进了自己的体会，把不用力解释为“不用多余的力”，但还是用力；或提“松紧适度”之说，还是有“紧”；或倡导“快慢相间”，还是有“快”。诸如此类，不能不说，这些在拳理拳法上就有误导。

第二，不得明师指导也是一个重要的原因。新中国成立以后由于政府对太极拳宣传和推广上的重视，特别是邓小平同志题词“太极拳好！”以来，推动了太极拳在全国乃至全世界的发展。相形之下，能真正传播太极拳的大师较少，尤其全国各城镇中的晨练活动，更是缺乏明师指导。故而，不可避免地出现“外行”教导“外行”的现象，形成晨练中的“太极操”现象。

第三，在太极拳的推广上，由于注意外形上的审美、划一、规范的要求（主要是新改编的各式拳种比赛套路），无论是编导的理论阐释，还是在训练和评判词上的规章，忽视了太极拳的本质要求——松、软、柔、韧，而突出了踢得高、拍得响、下势深等外在动作。从而给教拳和学拳的人造成误导，以为这就是太极拳。

第四，现在许多的太极推手比赛大多处于误区状态，没有真正体现太极拳内功。在这些推手、散手比赛活动中，比赛者多以较力为主，是拼体力的“旁门”，也就不可能给太极拳的习练者提供榜样、典范，反而是一种误导。

第五，由于极少数的“名家”“大师”本身就是一身硬劲，甚至公开地向“大松大软”挑战，在《武当》《武魂》等武术刊物上，有的把“松柔”与“疲沓”混为一谈，找不到真正的“太极松功”的影子。尤其是从学过外家拳过

来的一些拳师，在心里就不服太极拳的“松软”功夫。用外家的理念，改造了太极拳。

当然，不仅仅是这几条，还有其他原因，如身强体壮，“好战心”引起的“争斗心”等等，也是造成走“僵硬劲”的原因之一。

三、怎样修炼“太极松功”

太极拳在行功走架中，要遵循“先在心，后在身”的原则，即“意气君来，骨肉臣”，练“太极松功”也如此。放松先松心，心松则一松百松，也就是整体的松，是通过思想意念的作用，达到最大限度的放松。盘拳练推手都是如此，尽量从心意开始松，随着心意开始松，神才能松，体也随之而松。

具体包括以下几点。

（一）骨节松

用意念把全身的骨节都对拉拔长，是用意念使它慢慢舒展开。上肢，先从手指一节节地松，一节节舒展，然后再松手腕，把腕关节松开后，松肘关节、肩关节，最后意念想两个肩井穴放松，此时肩关节以下至手指就全放松了。下肢从脚趾开始放松，先把两只脚的脚趾放松，舒展开，再把膝关节放松，舒展开，松膝关节时要注意，是使膝盖微屈，不屈不成，屈大了也不成，然后再松胯关节。最后把头顶虚领起来，颈下大椎用意念固定，然后脊椎骨一节节地往下松，脊柱松完了，下颌微微内收，颈椎也松开了，此时意念放松会阴穴（在裆下大小便之间），会阴穴一松，全身就都松了。骨骼的舒展，使全身有膨胀感，使身体内潜在的能量得以充分发挥，此能量属身体内部能量，它没有动感，它不会体现出动作来，这种潜在的能量，只能形成在自己的感觉上，外边人看不出来。对太极拳有一定素养者来说，由于体内各关节都舒展开，达到松通，在发劲时即符合了太极的要求：“根松催，中通顺，梢发透。”

（二）肌肉松

全身的肌肉都不要用力，精神不支持它，但要注意松不是弱，也不是疲沓，而要求肌肉永远保持松柔，由于长期有意识地令肌肉放松，肌肉反而能形成膨胀，肌肉膨胀骨节松开，身体内的浊气、病气就能不断地由身体内散发出来，浊气散出一点，体内的元气就占据一点，因此练习太极拳，每天都在不断地放松舒展，这对于保健养生、身心健康非常有益。特别是练内功太极拳，从练第一乘功夫开始，就应该注意演练全套内功太极拳的过程，自始至终都要保持全身的松静，因为第一乘要练“腰功”，身体外形每一动都需要用腰来支配，“腰功”歌诀要求：“太极腰功岂可无，缺腰何必费工夫。腰功毕生研不尽，身手轻灵腰劲出。”肌肉紧张练不了内功太极拳，因为它影响内气的发放，紧张的肌肉憋住了内气，内气僵滞后不但散不出去，而且还影响了健康。

（三）五脏六腑松

五脏包括心、肝、脾、肺、肾，一般运动只能运动心、肺，各种运动及跑步，只能使肺活量加大，心脏耐受力增强，而肾脏基本活动不着。肾脏在身体内是生命的根源，称之为“先天之本”。它的主要功能，一是有促进人体生长发育的作用，推动这一作用的动力叫“命门”，又叫“肾阳”或“元阳”，而这一动力基础叫作“精”，因此有“肾藏精”的说法。二是对身体内的水液代谢平衡起着主要作用。肾藏精，精是人体生命活动的物质基础。肾藏精的含义有二，一是后天之精，是指由五脏六腑化生出来的精气，它包括着能够滋养脏腑、肢体、五官等各部组织的精微物质（如精、血、津液）。这种精气，来源于饮食里的精华部分，是维持人的生命，滋养人体各部组织器官，并促进其生长发育的根本，即所谓的“先天之本”。二是指人类生育繁殖的基本物质（与男子的精室和女子的胞宫有关）。这部分精的生成、储藏和排泄也是由肾主管。

在腰部两肾之间是“命门”。命门是肾脏生理功能的动力，即人体热能的发源地，又叫“元气”或“真火”。肾所藏之精无论是先天之精还是后天之精，都需要有一定的温度，才能发挥其滋养全身各部组织器官和衍生后代的作用。这两种精气中的温度和动力，就是命门之火的表现。如果命门之火衰，一方面男子可以出现阳痿或精冷无子，女子可出现胞宫虚寒（胞宫，即子宫、卵巢、输卵管的总称）、带下多或不孕等。另一方面也可以出现脾胃消化功能低下，而造成泄泻。

在水液代谢方面，三焦气化功能，也是依靠命门火的作用。如果命门火衰，就会引起水肿或小便失禁等病。

脏腑是内气的发源地，因此用意念去放松脏腑，令内气慢慢地扩散舒展到全身。只有放松脏腑，才能使内气在体内鼓荡，体内的内气越多，向四肢扩散舒展的也越多，从而在体外形成一个强大的气场。五脏之中只有肾脏放松时有形态的表现，因为它在腰肌的上方，我们所练习的“腰功”，即肾脏上边的两块肌肉，训练有素者它可以上下划圆，左右划圆。它可以统领着手和脚，在盘拳和推手中做出各种各样的动作。

六腑包括胆、胃、小肠、大肠、膀胱、三焦，前五种在放松时无形态表现，只有三焦分为上、中、下三个部分。

中焦相当中脘（胃脘）部位，包括脾胃。中脘以上至胸腔部位（包括心肺）为上焦。中脘以下至小腹部位（包括肝肾等诸器官）为下焦。“焦”就是热的意思，这种热能的表现叫作“气”，所以三焦总的功能是主持诸气，疏通水道，但上、中、下三部的功能又各有特长。上焦的主要功能是宣发积于胸中的“宗气”，将其输送到全身，供给体内各组织器官的机能活动。中焦的主要功能是消化和传输食物，蒸化精液，把营养物质通过肺脉的传化作用，以化生营气。下焦的主要功能，是把人体内消化后的残余物质加以分别，食物的残渣通过大肠排出体外，代谢的剩余水分通过膀胱排出体外。

综上所述，三焦总的生理功能，是身体内几个脏腑在食物消化、吸收、营养和排泄等功能方面的总和。而这一总的作用，又是元气（命门）、中气（脾胃之气）、宗气三者相辅相成的集合体。

六腑的放松，使五脏在体内好像悬浮起来，由此而产生一种虚灵顶劲。

（四）精神松

精神松是放松的关键，精神是松灵，精神如果紧张，全身就都紧张了。练拳时在“松、稳、慢、匀”的基础上，根据内功太极拳的要求，逐步学会运用内气，达到松散通空。要顺其自然求自然，从精神、骨节到肌肉都要放松。

推手时，精神更要保持松。对方进攻时，身手都不要动，特别是接触点要松柔，对方来力过猛时，我们把内气向左或右后划圆，对方即坠深渊。对方来力触及我身体任何部位，我意念一想该部位，即为意之双重，对方来力我不反抗，接触部位不动，意念随其来势微微后撤，对方即落空。如果想发放对方，随彼之后撤，我用心意轻轻跟随即可，也即是发，对方必跌出丈外。内功云："发劲意何解，有如敬宾朋，用手轻相扶，所指绝无空。"总之，练内功太极拳，在精神上不要一味地追求功夫，精神自始至终要保持松，即所谓"顺其自然，求自然"。

四、太极"松功八法"详解

太极的松功练习方式有多种，我们可以将其概括分为以下八种，分别是"松开、松散、松沉、松通、松静、松柔、松灵、松化"，简称"松功八法"。

（一）松开

"松开"主要是针对全身的筋骨方面说的。杨澄甫宗师说："一个松字，最为难能，如果真能松净，余者末事耳！"又说："松，要全身筋骨松开，不可有丝毫紧张，所谓柔腰百折若无骨，只有筋耳。筋能松开，其余尚有不松之理乎！"这说明，"松开"是太极松功的第一步。《太极拳谱·三节》中，关于人身关节、筋骨之间的划分中，恰好符合太极松功中有关"松开"的要求。如文中："以一身言之，头为上节，胸为中节，腿为下节；以头面言之，额为上节，鼻为中节，口为下节；以中身之言，胸为上节，腹为中节，丹田为下节；以腿言之，胯为根节，膝为中节，足为梢节；以臂言之，膊为根节，肘为中节，手为梢节，……"并说："盖上节不明，无依无宗；中节不明，满腔是空；下节不明，颠复必生。…… 至于气之发动，要从梢节起，中节随，根节催之而已。"从中不难看出，尽管此文是谈内外相合，上下相随的太极拳整劲功夫，但也说出了太极松功中全身各关节筋骨之间的关联，太极松功的"松开"，就是在意识的诱导下，使浑身筋骨、经络的"三节"关系，依次松开，对拔拉长；运用梢引（也称端引）、中随、根催的方式，逐步达到松筋活络，全身关节如脱臼一般地松开。注：本书第三章中"无极桩"一节里，有关节节贯穿的次序中说：

"上肢：手指关节——腕关节——肘关节——肩关节；下肢：脚趾关节——踝关节——膝关节——胯关节；躯干：胸椎一节节拉开——腰椎松开——尾椎松开；头部：百会、玉枕、下颌微收，颈椎一节一节松开。"

此外，还附有功诀："骨节一松气自通，周天一转暖融融。人言我呆我即呆，缚虎擒龙我为公。"

（二）松散

"松散"是在松开的同时，要求全身各主要关节、筋骨在意识的导引下向横的方向扩散。一般情况下这种扩散是和内气相联系的。汪永泉大师在他所著的《杨式太极拳述真》一书中说，在运用内气使全身放松时，可以想象内气通过小腹，经两腿内侧微前下行，经过内踝到达足心涌泉穴，再由外踝向腿外侧上引至两胯，并且以意导气，向四周散去，想象其形成一个直径约一米左右的气圈，胯在气圈之中。散的过程可以比喻为石头投入水中所形成的波纹逐渐散开。如果用"一石激起千层浪"来比喻"松散"的话，人们所捕捉到的扩散曲线，还是在水平面上的扩散，还不足以说明"松散"在太极松功上的真实意义。所以，汪永泉大师从内劲的角度进一步阐述主要关节在内气运行中，或者在内气扩散中所形成的"三道气圈"，即人们都知道的肩圈、腰圈、胯圈。这"三道气圈"在内气催动下，尤如运动场上的"呼拉圈"，当人们运用内气扩散时，"呼拉圈"就会迅速地从腰部向上运动，就像一个"气圈"把人罩住，无限膨胀，这就是往外松散，形成圆球的旋转，产生巨大的离心力，这就是"放"；相反，如果运用内气收敛，"呼拉圈"就会迅速地回拢，形成叠状的收缩，这就是"收"，从而产生巨大的向心力。这就是我们要研究"松散"的目的和意义。正如拳诀云："形体圆球转，周身是曲线。内气作后援，碰上如触电。"

（三）松沉

如果说前面谈的"松开"与"松散"是从人体的平面和立体两个角度分析放松的作用的话，而"松沉"则是从放松的质量内涵上来研究对松的要求。当然，下边接着要论及的"松通""松静（净）""松柔""松灵""松化"也都是以松的质量来要求。但就太极拳的特点来说，这里说的"松沉"是相对"松而轻浮"的现象来说的。在日常生活中，我们也经常遇到这种现象。有的人很稳重，说他脚下有根；有的人行动起来东摇西摆，甚至风一吹就倒，说他脚下没根。太根拳所要求的松，不是后者，不是墙头草更不是懈或疲塌，而是如负重之舟，沉而不浮，气积丹田，犹如水银向全身灌注，浑身充满松掤之劲。关于掤劲，前人说过："掤劲意何解，如水浮舟行。先实丹田气，次要顶头悬。全身弹簧力，开合一定间。任它千斤力，漂浮也不难。" 在这个问题上我们必须注意的，是沉与重之间的不同之处，与此相互关联的还有轻与浮之间的关系。这是极易混淆的两对词汇。一般人认为沉与重是一样，这实在是误解。在武术词典里，重为有形，其力呆滞，而沉则不同，沉劲活，似松非松，似紧非紧之形，与重不同。进一步说，双重在于填实，填实则气闭力呆，所以双重为病；双沉不为病，因为双沉活泼能变。同样轻与浮也有相似的关联。轻为灵活，不为病。浮则缥缈，虚而不实，所以为病。以此类推，双轻不为病，双浮为病。所以在坚持松沉的同时，一定要注意防止双重之病，在坚持轻灵的同时，一定要注意克服双浮之病。在练拳和推手中要处理好"沉、重、轻、浮"之间的矛盾关系。

（四）松通

"松通"主要是指从劲源到肢体末梢之间要通顺，中间不要有截断，不能有阻隔。武禹襄《十三势行功要解》中说道："行气如九曲珠，无微不到，所谓'气遍身躯不稍滞'也。"陈鑫说："上着下着，一气承接，勿令神气间断。"内外松通，动作才可轻灵，内劲在动作中间才不会有停顿之处。内外、上下、左右、前后才能和顺一致，做到"着着"贯穿，一气呵成。

练习拳架套路，尤其要注意松通，各式的起承转合要力求机势灵活，以内运带外动。每式如何起，如何落，如何变换，如何连接，须要仔细揣摩。式与式之间的动作承接连贯，能够连续不断，不显现僵滞，这是在内先要用意来绵绵不断地指挥着动作，而在外显露着神气贯穿，因此练太极拳自始至终有一气呵成之势。

（五）松静（净）

在这个问题上，应从两个方面来研究：一是松净；二是松静。

首先，就一般意义上讲，松与沉相对应，这在前一个问题里已经阐述过了。如果再进一步研究，就涉及到松的程度问题。《拳谱》中说，要松得"一羽不能加，蝇虫不能落"。这就是我们首先要松得干干净净。李雅轩在他的《太极拳精论》中说："周身松开，上下完整，是太极拳必需的条件。如动作不整，整而不松，或者两肩松，而腰胯背不知如何为松，或肘腕指节等处不知如何为松，或练后掌心无膨胀之意，凡此皆无正宗传授耳。”接着他在谈到“刚柔相济”的练法时，更一针见血地说：“吾辈练拳，以全心全意去想松而尚不能将身势松的干净，如在练时，心中先存一个刚柔相济的思想，那还能将身势松得干净……如果这样子的刚柔相济的练法，我相信一辈子也将身体松不纯粹了。”

其次，关于对“松静”的理解，可以说是初学者很难弄懂的问题。《拳谱》中最先谈到“松静”二字的，是在王宗岳的《十三势歌》一文里的第五行，其原文是：“刻刻留心在腰间，腹内松静气腾然。”再就是武禹襄的《十三势行功要解》所记载的：“精神能提得起，则无迟重之虞，所谓‘腹内松静气腾然’也。”从字面上理解“刻刻留心在腰间”应注意什么呢？我认为腹腔要松，要松静，既有放松之意，又有安静之意，才能实现武禹襄所注释的使身体顺畅，提得起精神，没有丝毫的“迟重之虞”，也就是我们在前面所提到的没有“双重”之隙，在行功走架或推手搏技中不会出现上下、左右、前后所存在的参差牵挂之意和游疑抽扯之形。

（六）松柔

杨家从祖师露禅始就认为，练太极拳和推手，应从松柔、沉稳入手，一松百松，一松百随。要把两臂练得松软如绳，犹如吊着重物一样地往下松坠，有沉甸甸的气贯十指鼓胀之感。老子在《道德经》中说：“专气致柔，能婴儿乎！”意即说，守精气使不乱，则形体能应之而柔顺，像婴儿一样，内无思虑，外无政事，精神不去也。同时，老子又说：“及吾之身，吾有何患？”假若无身，得道自然，轻举升云，去入无间，与道通神，当有何患？对此练拳得道者是深有体会的，如果你练得身无所有，碰哪哪转，扑哪哪空，奈吾何来，这都讲的是松柔，柔若无骨，空空如也！《拳谱·太极下乘武事解》中说：“太极之武事，外操柔软，内含坚刚，而求柔软之于外，久而久之，自得内坚刚，非有心之坚刚，实有心之柔软也。”并说：“所难者，内要含蓄坚刚而不外施，终柔软而迎敌，以柔软而应坚刚，使坚刚而化无有矣！”我经常对学生们说：“杨式太极拳区别于其他拳种的最显著之处，就是要遵循《拳谱》《拳经》的要求，去求大松大软，柔弱百折无骨的练功效果。可见，松柔是杨式太极拳修炼的终极目的，离此则一无所有。只有在松开、松散、松沉、松静（净）、松柔五个方面一步一个脚印地修炼，才能练就一身轻灵之功、神化之境。真正实现太极拳“松、散、通、空”的终极目标。

（七）松灵

“灵”是松功得法的一个重要表现。武禹襄在《十三势行功心解》中明确地说到“意气须换得灵，乃有圆活之趣，所谓变转虚实也。”又说：“形如搏兔之鹄，神如捕鼠之猫。”又曰：“彼不动，已不动；彼微动，已先动。”皆是太极松灵之表现。意气须换得灵，乃有圆活之趣，所谓变转虚实也。杨澄甫在《十三势行功心解注释》中特意提到：“每一动作，其身手均有主宾之分，如能随机换意互为主宾，意之所至气即随之，是谓之灵；意左则左为实，意右则右为实，能如意而倒换之，意气不滞住某一点，是谓之活；内中顺遂，是谓之圆；能保顺遂以倒换，亦即虚实之变化也。”

《行功心解》说：“一举动，周身俱要轻灵，尤须贯串。气宜鼓荡，神宜内敛。无使有缺陷处，无使有断续处，无使有凸凹处。”说明太极拳的每一动作要神敛气聚，轻灵而内气鼓荡，且一线贯串；要处处气势饱满，内劲连绵无断，这样才能产生以小胜大、以轻制重的功用。

（八）松化

所谓“松化”就是大而化之，是太极松功中高层次的、综合性的练习，也是许多太极同道终身追求不懈的“松”的高境界，体现于推手上就是化劲。也就是说，无论你采取什么手段化或发，首先都要松开，有意识地在接触点上微微松开，哪怕是一个韭菜叶的变位，你才能谈得上松化，才能实现“顺人之势，借人之力”；你才能做到“舍己从人，取长补短”；才能体现出“妙手一着一太极，空空迹化归为有”。吴图南在《太极拳松功论》中曾有阐述：“太极拳松功，能乘敌之不备，掩敌之不意，避实而击虚，亦莫之制也”、“松功即熟，有如转圆石于千仞之山者，势也。势如破竹，迎刃而解。故太极拳松功即成。”

经过长期的太极功法修炼，就会达到肢体松、通到极致，超然忘我，使精、气、神在体内凝聚不散，达到炼精化气、炼气化神、炼神还虚之境界。那样，太极中的粘黏连随就不是刻意而为，松化也是条件反射中的一种自然状态了，最终达到如“西山悬磬”那样的“应物自然”。

以上八种“松功”，乃是作者根据多位前辈的传授，结合多年习练心得整理而成，是习练与掌握内功太极拳的重要原理与要领。松功是太极拳的根基，需要在习练中不断地体悟和感悟，最终实现功夫上身。习练八种“松功”是为了达到“松空”的目的，这个“空”不是“真空”，也不是“没有”，而是与人交手时对方会有“空”的感觉，让其无处可进攻，想走亦不能。

松，是练习内功太极拳的最基本要求。内功太极拳要求“一举手，一投足，稍一用力即落旁门”。所以说：“一分松，一分功，松到一无所有是真功。”有人谈到呼吸放松，我们不谈它，因为你吃饭时是呼是吸？睡觉时是呼是吸？所以我们对呼吸完全顺其自然。

松，是练习内气的基础，若不能彻底放松，内气在体内也不易形成。真正松透实不容易，全身放松非下一定工夫不可。要明白放松的重要性。自己也能短暂地放松，但是一接触对方的强力，马上即僵，自己不知不觉地进入对方强力的范畴，必败无疑。有的人强调对方力大，我们要从自己身上找毛病，你自己不用力，你怎么知道对方用力或力大呢？也有的人对方一进攻，他就往后撤，实际他不是松，是弱，形成兵败如山倒，自己呈现被动的态势。太极拳是圆运动，自己应该始终保持圆，在被动时被对方击中，说明已不是圆，违反了太极拳圆运动的基本要求。在发劲时，自己的内劲发不出，说明自己没松透，从中有堵截的地方，也因为这违反了发劲的原则，即“根松催，中通顺，梢发透”。练到一定程度，一从劲源发劲时就应注意松和通的要求。歌诀云：“劲源跟着身手走，身手松净劲自出。”松，除了要下工夫练外，还必须要悟，有的人在练中悟又在悟中练，这样就能有一定收获。也有的人永不开悟，前人曾说：“真正能松通者，一代出不了几个人，能出者可谓凤毛麟角。”

在太极推手时，松就更为重要。首先手放松就特别难，因为人一生下来，干什么都离不开手，你活多大岁数，手就为你工作了多少年。推手时，两只手首先就会自发地开始工作，对方进攻时，手首先会挡在前面，这就犯了太极的“顶”病。对方力大你顶不住，就往后撤或退，又犯了“扁”病。对方往回撤手，你跟不上就犯了“丢”病。对方用力你也用力，犯了“抗”病。

太极内功要求有手似无手。推手时要“以静制动，以柔制刚，无中生有，有若无，实若虚，逆来顺受，不丢不顶”。

简而言之，自始至终要注意“内外相合”。对方推你，你身上的接触点不要动，要求不躲也不顶，内劲带领肢体后撤，接触部位是劲端，内劲是劲源，你劲端没有反应，劲源带领后撤，对方必落空，如坠深渊。对方摸不着你，他想撤回找机会再进攻，你与对方接触部位不要动，用内劲跟严了对方，即是发放，对方感觉被一股极强的弹簧力击中要害，此时反抗及躲闪都无济于事了。

说起来容易，真要做到很难。要把人的躯体比作一只橡皮船，内气好比船内的动力马达，上去几个人虽然触动了船，船本身没什么反应，但是它自身就有一种松掤劲，要前进或后退都由马达来操纵。如果对方攻击我们身体，他就好像上了我们的船了，只要我们身体不动，前进、后退就由我们的内劲说了算数，他想反抗恐怕也不容易了。

太极拳要求松，但不是弱，也不是疲沓。对肌肉神经来说，实际是要求保持松弛状态。对骨节来讲，则要求松开，即我们通常所说，骨节要对拉拔长。通过练气，以气层为介质，自然就能做到如同球一样的六面松掤劲。

太极拳要求不用力，即不用拙力，特别应避免用局部拙力。拙力必滞，滞则堵，堵则散，散必为人所制。太极拳之内劲，是神、意、气的化合，而不是神、意、气的集中。神意气化合后，形成一股能量流，通过较长时间锻炼，意念指到哪里，能量流就冲向哪里。用手轻轻一指，能量即可随手指方向，将对方击出很远。

王宗岳的《拳论》说：“发劲如百炼钢，无坚不摧。”如果说太极拳之柔可比作水的话，那么它之刚，也可比作钢铁之坚。何以能求之？正如《拳经》所说：“力由均匀百炼而得。”我们知道，任何物质组织均匀后，强度极为增大。例如生铁经过锻炼，使其组织均匀，即可成为纯钢，它的强度可增大几百倍。食盐冷却到绝对零度，使它组织均匀后，它的强度也像钢铁。万物一理，人之肉体凡胎，经长期均匀而松沉的太极拳锻炼后，就会练就金刚之躯。

第三章

太极桩功

桩功是太极拳的重要基本功，也是掌握与提高内功的必修功法之一。现在许多练太极拳的人对桩功的作用缺乏认识，认为站桩枯燥而无味，因而不愿意站桩；或者对桩功的理论和练法缺少了解，虽有练习却不得要领；亦或是偶尔为之，练习的量不够。以上种种，造成了许多练习者无法很好地掌握桩功，无法体会到桩功在太极拳锻炼中的重要作用。

桩功是实现中和阴阳、疏通经络、调和气血，培养人体内在潜能，蓄力于体内的过程。太极拳的桩功有自身的特点，也有多种方式，每种方式都有其锻炼的要求与目的。通过正确的桩功锻炼，不仅能改善身体的机能，增强身体的健康，还能很好地辅助内功修炼，有效提高技击与推手的能力。

杨式老六路内功太极拳以“大松大软”为指导思想，在桩功的锻炼中要求也是如此。无论是为了锻炼身体还是追求提高技击能力，要注意时时保持功架功态，躯体保持舒适轻松，精神意念要愉悦舒畅。本章节着重对需要经常练习的无极桩、太极抱球桩、狮子抱球桩这三种桩功进行了介绍。

一、无极桩功诀阐秘

太极拳不仅把无极桩作为拳架、推手的起势，而且把它作为一项重要功法来练习。无极桩功看似简单却不易练好，需要长期耐心的锻炼，才能收获到最佳的益处。练好无极桩功，对太极拳的初学者和有一定基础的人提高自身功力，是十分重要的。

（一）姿势规范

两脚开立，与肩同宽；两臂自然下垂，掌心贴近股骨外侧，手中指指尖贴风市穴。头顶正直，舌抵上颚，两眼平视，下颌微收。体重平均在两脚，摒除杂念，有虚、静、松、空之感（图 3–1、图 3–2）。

无极乃太极之始，练好无极桩可使身体内外加速放松，可培养先天浩然之气。练好无极桩内气增强了，可以疏通经络，扶助正气，调节阴阳，增强

图 3-1

图 3-2

人体健康。

（二）虚静守一

(1) 意念放松调节。神经、肌肉放松，骨节对拉拔开，气通各节，节节贯穿。次序如下：

上肢：手指关节—腕关节—肘关节—肩关节。

下肢：脚趾关节—踝关节—膝关节—胯关节。

躯干：胸椎从上往下一节一节拉开—腰椎松开—尾椎松开。

头部：玉枕、百会、下颌微收、颈椎一节一节松开。

调息：吸气意念至命门，呼气意念至肚脐。此为一息，共做三息。

自然呼吸：任肌肉自然反搏，任内气在体内自然流动，气畅经络自通，自上下通，自左右通，百会通天，涌泉通地，归法自然，百病清除，身体健康。

(2) 功诀：骨节一松气自通，周天一转暖融融。人言我呆我即呆，缚虎擒龙我为公。

(3) 行功经义：放松意念调整后，静息 3 分钟；默念功诀，接受宇宙大智慧人子信息，定中自然，一心不乱；天之“百会”，地之“涌泉”，人之“璇玑”，三才合一，功进速矣。

(4) 行功助益：首先，思想上忌“贪、嗔、痴”；其次，饮食上禁用辛辣食物；其三，时间以太阳初升为宜，其他则为功力辅助；其四，对父母当孝心恒持，使祖上信息扶持。

（三）无极桩意念导引的医疗作用

无极桩针对具体病情、意念或内视有关穴位，进行体内阴阳调配。循阴阳，遵五行，蹈八卦，衍生克之理，使人体生理之机制达于优化，从而治病强身。无极桩的观想法，有病治病，无病长功。

十八丹田观想法（感应神通法）：人体有十八丹田，意守或观视某一丹田，并观想放松，治疗与之相关区域的病症。观想部位，有一光亮，或日、或月、或一能量团，放射光芒。初步功能——凡近距离的人和物，我默然之中明之，其信息的变化，他不知我，我已知他。如对方肝病，一接近我，我之身体有关部位马上会自然产生反应。

意守各丹田，接近内分泌腺部位，可以加强内分泌腺的血液、氧气、营养精微物质的输送，增强其调节作用。

会阴观想法：可滋阴壮阳，增强性生殖功能。

膻中意守法：可贯通阴阳，接连上下，治疗心肌炎、肺炎、咽喉炎、气管炎等。

肩井观想法：增强气血对上肢部位的作用，加强上肢生理功能，主治露肩风、肩周炎、肩痛及肩关节骨质增生等。

百会观想法：增强大脑生理功能，使大脑处于相对的抑制状态，促进大脑气血之供应，提高记忆思维之功能。

印堂观想法：小周天之关键，增强视力，对青光眼、假性近视、白内障有良好疗效。意守印堂要观想放松，否则易引起头晕。

丹田观想法：相当于胃幽门和肠腺的部位，守此丹田可促使胃肠蠕动，使胃液和肠液分泌增多。气沉丹田疏通百脉，对肝、胰、胆、肠、胃之功能的康复和提高很有益处。

涌泉观想法：守此穴可使人进入松弛状态，可排出体内病气，增强气血的上下通畅，对于治疗高血压、肾虚有明显疗效。

太阳观想法：可促使大脑气血循环，调整大脑的生理机制，治疗头痛、偏头痛、头晕、头昏等症。

劳宫观想法：改善上肢躯干的生理机制，促使手指的各种功能，十指连心，对心脏疾病、头痛等症有一定的治疗作用。

气海观想法：培植正气，对大小肠、膀胱等部位的病症有良好的治疗作用。

命门观想法：相当肾上腺部位，守此部位可以使体温上升，静中生动。

委中观想法：促进下肢的气血循环，主治抽筋、关节炎、防治下肢瘫痪。

夹脊观想法：促进脊神经功能，疏通督脉，主治心脏、肺脏、腰背诸病症。

玉枕观想法：促进小周天运动，增加丘脑脑垂体的分泌，主治后脑痛。

曲池观想法：疏通手阳明大肠经，主治半身不遂、瘫痪、上肢麻痹、手臂肿痛、肘关节炎、皮肤病、月经不调等。

冲门观想法：主治疝气、小便不利，疏通足太阴脾经。

章门观想法：主治腹泻、消化不良、腰背疼痛，疏通足厥阴肝经。

风门观想法：主治头痛、鼻出血、咽喉肿痛、中风不语、癫狂等症。

二、静力桩

（一）太极抱球桩

姿势规范：两脚开立，与肩同宽，两臂自然下垂，两手上抬，手心向内，

图 3–3

图 3–4

十指相对，但不接触，对正小腹（图 3–3、图 3–4）。两手在小腹处如抱着一个球。

两眼自然睁开或微合，意念观注两手，手心与小腹部成抱一圆球状。调整呼吸，使呼吸自然通畅，以一呼一吸为“一息”（一息为一个计量单位），七个“一息”为一组，七组为一次站桩的基本桩期。每次站桩尽量做到完成七组，即一次基本桩期，刚开始练习做不到这么持久时，则尽量做到以完成整组为单位，依次渐行增加。当日渐习惯适应后，就不需要再计量呼吸次数，站桩时间可以自然延长。每次站桩不可贪多而造成肢体酸痛麻木，也不宜懈怠而致使训练的量不够，以“留有余兴”为取舍标准。

通过太极抱球桩的练习，能够有效促进全身整体性的健康，使人体达到精足、气充、神溢的目的。这种桩功被称为坎桩，八卦中有“坎中满”一说，即通过此桩能充盈中气，培育元气，也被称为养气桩。当精气充足后，可以站离桩将气松散到身体的周围与四梢，以润养身体，能起到很好的养生保健作用。离桩的姿势与坎桩大体一致，但以手心向外，意想小腹处的气团散向身体各处及四梢，站桩的时间与坎桩一致。

（二）虚引手

两脚开立，与肩同宽，两臂自然下垂，两掌心贴近股骨外侧，手中指指尖贴风市穴。头顶正直，舌抵上腭，两眼平视，下颌微收。体重平均在两脚，排除杂念，有虚、静、松、空之感。

右脚慢慢提起，向前迈出一步，前脚掌着地，身体微蹲，重心在左脚。右手向前伸出，立掌，掌心朝前下方。肘微沉，从手到肩成下弧形，右掌放松，意念观注右手掌指，每次最少站 15 分钟（图 3–5、图 3–6）。

图 3–5

图 3–6

三、动力桩

狮子抱球桩

两脚开立，与肩同宽，两手抱球于胸前，两手指微屈成莲花掌，手心相对，两手在内气引导下左右滚动，从正前方滚动开始，滚动 60 次。再向左转体，两掌在左侧再滚动 60 次。然后再向右转体，两掌在右侧再滚动 60 次。

两掌除左右滚动外，还要上下滚动，前后滚动，不论任何方向，每一种滚动都要 60 次，而且要在内气带动下滚动。练初级腰功时，要用腰带动；中级练内气时，用内气带动；高级练意念时，要用意念带动，绝对不要只练两臂外形，必须注意“内外相合”（图 3–7 — 图 3–9）。

图 3–7

图 3–8

图 3–9

第四章

太极拳对身法的要求

太极拳之练习谈

杨澄甫口述　张鸿逵笔录

中国之拳术，虽派别繁多，要知皆寓有哲理之技术，历来古人穷毕生之精力，而不能尽其玄妙者，比比皆是。虽然，学者若费一日之功力，即得有一日之成效，日积月累，水到渠成。

太极拳，乃柔中寓刚、绵里藏针之艺术，于技术上、生理上、力学上，有相当之哲理存焉。故研究此道者，须经过一定之程序与相当之时日。虽然良师之指导，好友之切磋，故不可少，而最紧要者，是在逐日自身之锻炼。否则，谈论终日，思慕经年，一朝交手，空洞无物，依然是门外汉者，未有逐日功夫，古人所谓，终思无益，不如学也。若能晨昏无间，寒暑不易，一经动念，即举辜练，无论老幼男女，即其成功则一也。

近来研究太极拳者，由北而南，同志日增，不禁为武术前途喜。然同志中，专心苦练，诚心向学，将来不可限量者，固不乏人，但普通不免入于两途，一则天才既具，年力又强，举一反三，颖悟出群。惜乎稍有小成，便是满足，遽尔中辍，未能大受；其次急求速效，忽略而成，未经一载，拳、剑、刀、枪皆已学全，虽能依样画葫芦，而实际未得此中三昧，一经考究其方向动作，上下内外，皆未合度，如欲改正，则式式皆须修改，且朝经改正，而夕已忘却，故常闻人曰：习拳容易改拳难。此语之来，皆由速成而致此。如此辈者，以讹传讹，必致自误误人，最为技术前途忧者也。

太极拳开始，先练拳架。所谓拳架者，即照拳谱上各式名称，一式一式由师指授，学者悉心静气，默记揣摩，而照行之，谓之练架子，此时学者分内外上下注意。属于内者，即所谓用意不用力，下则气沉丹田，上则虚灵顶劲；属于外者，周身轻灵，节节贯串。由脚而腿而腰，沉肩曲肘等是也。初学之时，先此数句，朝夕揣摩而体会之，一招一式，总须仔细推求，举动练习，务求正确，习练既纯，再求二式，于是逐渐而至于习完。如是则毋事改正，日久亦不致更变要领也。

习练运行时，周身骨节，均须松开自然。其一，口腹不可闭气；其二，四肢腰腿，不可起强劲。此二句，学内家拳者，类能道之，但一举动，一转身，或踢腿摆腰，其气喘矣，其身摇矣，其病皆由闭气与起强劲也。

第一，摹练时头部不可偏侧与俯仰。所谓要“顶头悬”，若有物顶于头上之意，切忌硬直，所谓悬字意义也。目光虽然向前平视，有时当随身法而转移，其视线虽属空虚，亦为变化中一紧要之动作，而补身法手法之不足也。其口似开非开，似闭非闭，口呼鼻吸，任其自然。如舌下生津，当随时咽入，勿吐弃之。

第二，身躯宜中正而不倚，脊梁与尾闾，宜垂直不偏。但遇开合变化时，有含胸拔背、沉肩转腰之活用，初学时节须注意，否则日久难改，必流于板滞，功夫虽深，难以得益致用矣。

第三，两臂骨节均须松开，肩应下垂，肘应下曲，掌宜微伸，手指微曲，以意运臂，以气贯指，日积月累，内劲通灵，其玄妙自生矣。

第四，两腿宜分虚实，起落犹似猫行。体重移于左者，则左实，而右脚谓之虚；若移于右者，则右实，而左脚谓之虚。所谓虚者，非空，其势仍未断，而留有伸缩变化之余意存焉。所谓实者，确实而已，非用劲过分，用力过猛之谓。故腿屈至垂直为准，逾此谓之过劲。身躯前扑，即失中正姿势。敌得趁机攻矣。

第五，脚掌应分踢腿（谱上左右分脚或写左右起脚）与蹬腿二式。踢腿时则注意脚尖，蹬腿时则注意全掌，意到而气到，气到而劲自到。但骨节均须松开而平稳出之，此时最易起强劲，身躯波折而不稳，发腿亦无力矣。

太极拳之程序，先练拳架（属于徒手），如太极拳、太极长拳；其次单手推挽、原地推手、活步推手、大捋、散手；再次则器械，如太极剑、太极刀、太极枪（十三枪）等是也。

练拳时间，每日起床后两遍。若晨起无暇，则睡前两遍，一日之中，应练七八次，至少晨昏各一遍。但醉后、饱食后，皆宜避忌。练习地点，宜庭园与厅堂，能通空气，多光线者，皆为相宜。但忌直射之烈风，与有阴湿霉气之场所耳，因身体一经运动，呼吸定然深长，故烈风与霉气，如深入腹中，有害于肺脏，易致疾病矣。练习之服装，以宽大之中服短装与阔头之布鞋为相宜，习练经时，如遇出汗，切忌脱衣裸体，或行冷水揩抹，否则未有不罹疾病也。

太极拳十要

杨澄甫

（一）虚灵顶劲

顶劲者，头容正直，神贯于顶也。不可用力，用力则项强，气血不能流通，须有虚灵自然之意。非有虚灵顶劲，则精神不能提起也。

（二）含胸拔背

含胸者，胸略内含，使气沉于丹田也。胸忌挺出，挺出则气涌胸际，上重下轻，脚跟易于浮起。拔背者，气贴于背也。能含胸则自能拔背；能拔背则能力由脊发，所向无敌也。

（三）松腰

腰为一身之主宰，能松腰，然后两足有力，下盘稳固，虚实变化，皆由腰转动，故曰：“命意源头在腰隙。”有不得力，必于腰腿求之也。

（四）分虚实

太极拳术，以分虚实为第一义。如全身皆坐在右腿，则右腿为实，左腿为虚；全身坐在左腿，则左腿为实，右腿为虚。虚实能分，而后转动轻灵，毫不费力；如不能分，则迈步重滞，自立不稳，而易为人所牵动。

（五）沉肩坠肘

沉肩者，肩松开下垂也；若不能松垂，两肩端起，则气亦随之而上，全身皆不得力矣。坠肘者，肘往下松坠之意，肘若悬起，则肩不能沉，放人不远，近于外家之断劲矣。

（六）用意不用力

《太极拳论》云，此全是用意不用力。练太极拳，全身松开，不使用分毫之拙劲，以流滞于筋骨血脉之间，以自束缚，然后能轻灵变化，圆转自如。或疑不用力何以能长力？盖人身之有经络，如地之有沟渠，沟渠不塞而水行，经络不闭而气通。如浑身僵劲充满经络，气血停滞，转动不灵，牵一发而全身动矣。若不用力而用意，意之所至，气即至焉。如是气血流注，日日贯输，周流全身，无时停滞，久久练习，则得真正内劲，即《太极拳论》中所云“极柔软，然后能极坚刚”也。太极功夫纯熟之人，臂膊如棉裹铁，分量极沉。练外家拳者，用力则显有力，不用力时，则甚轻浮。可见其力，乃外劲浮面之劲也。外家之力，最易引动，故不足尚也。

（七）上下相随

上下相随者，即《太极拳论》中所云“其跟在脚，发于腿，主宰于腰，形于手指，由脚而腿而腰，总须完整一气”也。手动、腰动、足动，眼神亦随之动。如是方可谓之上下相随。有一不动，即散乱矣。

（八）内外相合

太极拳所练在神，故云“神为主帅，身为驱使”。精神能提得起，自然举动轻灵，架子不外虚实开合。所谓开者，不但手足开，心意亦与之俱开；所谓合者，不但手足合，心意亦与之俱合。能内外合为一气，则浑然无间矣。

（九）相连不断

外家拳术，其劲乃后天之拙劲，故有起有止，有续有断，旧力已尽，新力未生，此时最易为人所乘。太极拳用意不用力，自始至终，绵绵不断，周而复始，循环无穷。拳论所谓“如长江大河，滔滔不绝”，又曰“运劲如抽丝”，皆言其贯串一气也。

（十）动中求静

外家拳术，以跳踯为能，用尽气力，故练习之后，无不喘气者。太极拳技以静御动，虽动犹静。故练架子，愈慢愈好。慢则呼吸深长，气沉丹田，自无血脉贲张之弊。学者细心体会，庶可得其意焉。

第五章

太极内功

——老六路的三乘功法

现在有很多人都谈内功，究竟内功怎么练，没有几个能说清楚。太极拳是道家功夫，道家有“炼精化气”“炼气化神”“炼神还虚”三乘修炼功法。太极拳也有“以腰变手”“以炁变手”“以意变手”的三乘练法。我们提出内功分三乘练法：当把拳架练熟以后，即开始练一年“腰”，再练一年内炁，之后练一年意念即神经。此三乘功法总的都是为启动、强化内气势。过去常言，太极十年不出门。而今我们提出“三年一小成，五年一大成”。我们提出的三乘功法是修炼“拳道”的入门阶梯。歌诀曰：

太极内练三乘功，大松大软贯始终。
先练腰功强肾脏，健康长寿伴终生。
内炁练成能量流，与人交手现奇功。
三乘练意练骶丛，进入拳道显神通。

第一乘功——腰功

腰功是杨式内功太极拳“三步功法”中的第一步功，它同道家炼丹筑基过程一样，是“炼精化气”、“以身变手”，把“腰”练好了，第一步的筑基功算是成功。“腰功”的重要性，在古代经典论著中有很多论述，至今仍是太极拳修炼者修炼“腰功”的指导思想。所以，在探索和学习练“腰功”时，必须认真学习这些古训，默识揣摩，心领神会。

老六路所练之“腰”，不是裤腰带所勒之处，而是要求练腰肌上部两个肾脏外边的两块肌肉，通过肾脏外边的两块肌肉的锻炼，强化肾脏功能，又可扩展丹田气势。我们要求第一年腰子要练活了，使两个腰子不但可以上下动、左右动，而且可以前后动。

在练拳时，左手必须在左侧的腰子支配下运动，右手要在右侧腰子的支配下运动。腰子支配多少手动多少，过与不及都不对。刚开始练拳时，一趟拳架里，腰能带手走几个式子就可以，逐渐增多，至全套架子都由“腰功”带领完成，达到内运外动的太极拳运动要求。歌诀曰：

太极腰功不可无，缺腰何必费功夫。
腰功毕生研不尽，身手轻灵腰劲出。
不练腰功白费力，苦练十载亦糊涂。

一、关于练“腰”的理论

1. 在王宗岳的《十三势歌》中有如下记载：“十三总势莫轻视，命意源头在腰隙；刻刻留意在腰间，腹内松静气腾然。”

2. 武禹襄在《十三势说略》中说：“其跟在脚，发于腿，主宰于腰……”

3. 李亦畬在《走势打手行功要言》中说：“劲起于脚跟，变化在腿，含蓄在胸，运动在两肩，主宰于腰。”此外，还有“气如车轮，腰似车轴”等。

以上论述说明，“腰功”在太极内功中的重要性。通过几十年的练功和授拳实践，使我深切地体会到，如果不把“腰功”练好，所谓的太极内功就没有根基，当然也就不可能步入太极拳的巅峰。

二、为什么先练腰功，怎样才能练好腰功

（一）为什么先练腰功

纵观近代一些太极拳著作和大师们的教学过程，也都或多或少地谈到了腰功的重要性，但遗憾的是很少有人把“腰功”作为修炼太极功夫的独立功夫来研究，更很少有人提出如何练好“腰功”。老拳谱中有关如何传授拳技时曾说：“进门引路须口授，功夫无息法自修。”这里就提出了一个课题，即口授什么？除了从身形步法上口授外，主要是口授“腰功”，把腰练出来。然后才谈得上功和劲的问题。如果离开或者说绕过“腰功”这步筑基功的训练，就不可能有粘、黏、连、随的懂劲功，当然也就更谈不上其他什么太极内功了。这就是我想论及的为什么先练“腰功”的根本原因所在。弄清为什么先练“腰功”以后，才能去研究怎样练好“腰功”。

（二）练好腰功的基本理念

道家的“炼精化气”是采气炼丹。第一步是筑基丹功，过去讲“百日筑基”，经三年而初步丹成，感觉小腹内暖融融，有一种异乎寻常的感觉，即是初步筑基功成。

杨式内功太极拳的第一步功法是“以身变手”，也就是要练“腰功”，它也是炼精化气，所练之“腰”，不是裤腰带勒之处，而是要求练腰肌上部两个肾脏外边的两块肌肉，通过肾脏外边的两块肌肉的锻炼，从而强化肾脏功能。

俗话常有“肾藏精”之说，是指肾是人体生命的根源，所以称之为“先天之本”。它的主要功能是有促进人体生长发育的作用，推动这一作用的动力叫作“命门”，又叫“肾阳”或“元阳”，而这一作用的物质基础叫作“精”，又叫“肾阴”或“元阴”。精是身体活动的物质基础，肾藏精的含意有二。一个是后天之精，是五脏六腑化生出来的精气，它包括能够滋养脏腑、肢体、五官等各部组织的精微物质，包括精、血、津液，这些精气来源于食物里的精华部分，是维持人的生命、滋养人体各部组织器官并促进其生长发育的基本物质。二是先天之精，它又分成两部分。一部分是指人体生命活动，在生长发育过程中的物质根源，所谓“先天之本”；另一部分是指人类生育繁殖的基本物质（与男子的精室、女子的胞宫有关），这部分精的生成、储藏与排泄也是由肾主管。精是有生命力的，它不但具有生殖和生长发育的能力，并能抵抗不良因素的刺激而免于疾病。因此，精的盛衰是人体生、老、病、死最基本的内在根源。

先天之精与后天之精是互相辅助、相互为用的，先天之精需要后天之精的营养，才能维持其活动能力，后天之精也必须靠先天之精蒸化。两者共处在一个共同体中，一方强或衰必然影响另一方的功能，所以说它们是“存则共存，亡则都亡”。

（三）结合盘拳练“腰功”

老六路所练之“腰”，通过肾脏外边的两块肌肉的锻炼，强化肾脏功能，又可扩展丹田气势。

两个腰子的常态是处在同一水平线上，对方来力攻击到两个腰子中间时，腰当即受制，构成了双重之病。王宗岳《太极拳论》云："每见数年纯功，不能运化者，率皆自为人制，双重之病未悟耳。"现在可以讨论一下，"腰功"究竟应该怎么练。假设对方来袭，如果腰左右平转，极难避开双重之病。腰往后撤也是弱，而且进攻者如果奋力前进，撤腰就会造成兵败如山倒的局面。同样情况下，如将受力大的一侧腰子，走上弧形向后撤，另一侧放松应付对方，从外形上看，身体动得很小，彼之来力将被走上弧的腰子引进落空，失中或跌出，吾之腰子是一个虚，一个实，动者为虚，静者为实。同时，腰部的虚实与腿部的虚实也是一致的。以此为生发点盘拳，即为"练腰"。

我们要求第一年把腰子练活了，使两个腰子不但可以上下动，左右动，而且可以前后动。前人把上述阴阳互相之变换比作一个圆的太极球，使之成为内含阴阳哲理，动之则分，分阴阳、分虚实、分动静的变化机制。

在练拳时，左手的动必须在左侧的腰子支配下，右手的动要在右腰子的支配下，腰子支配多少，手动多少，过与不及都不成。刚开始练拳时，一趟拳架里，腰能带手走几个式子就可以，然后逐渐增多，至全套拳均由"腰功"带领完成，达到内运外动的太极拳运动的要求。

（四）结合推手练"腰功"

有人提出"彼不动，已不动；彼微动，已先动"，其实这就是一种后发先制的"腰功"在推手中的具体应用。

下面举个例子。彼伸右手进击我身体之左侧部分，不管是真进击，假进击，都要把他比作刚。要注意身体和手臂都不要动，只需将左边的腰子走上弧向后微微一转，这时左边的腰子虚了，左手和左腿也变成虚。彼如为实手真进攻，当即落空，彼之力失其中则背矣。如彼假进攻，由实变虚，彼接触我一刹那，我手脚都不动，左边腰子由后向上、向前走上弧，我即变实。但须注意，自已的肩、肘一定要放松，用左手向彼身后一指，即可使彼跌出很远。此虚实全视来者之意而定，彼虚我实，彼实我虚，实者腰一转忽变而为虚，虚者腰一动而又忽变而为实，彼不知我，我能知彼，则无不胜矣。

这样也最符合发劲原则，即"根松催，中通顺，梢发透"。根指腰，发劲时要全身松开，不使有分毫拙力。肩和肘为中，要通顺。手为梢，是指方向的，要发透，要完整一气。

推手用腰功很符合力学原理，推手的力学分析可分为刚体力学、弹性力学、场力学。一般推手最常碰到的力学现象有杠杆力、三角力、圆切线力。后两种力另文讨论。本文就以杠杆力为例来剖析一下推手的力学现象。例如，彼右弓步，用两手推我，彼腰部作为重心，右腿为支点，两手臂为杠杆（图5–1）。

此时我如采取顺乎自然而避开彼之手，也去攻击彼之身体，即为舍近求远矣。太极推手，以静制动，不自作主张，而是处处从人。彼任何动作都有一方向，我随其动之方向，用腰功向其手轻轻一击，彼之手正是杠杆之远端，彼必落空或跌出（图5–2）。

图5–1

图5–2

同理，如我进攻彼（图5–3），彼假如为一重物，彼之前腿为一支点，

图5–3

图5–4

我之手臂为杠杆之臂，此时用手使力就违背了杠杆受力分析的情况，形成以力相抗。如我手轻使彼不觉，用“腰功”在远端发力则符合杠杆原理，彼必失中跌出（图 5–4）。所以在体用中欲达到随心所欲的程度，只有真正练好“腰功”才行。一旦练到腰能变幻无穷像一个太极球一样，做到圆转自如，支撑六面，自然就会领会“腰功”的奥妙和威力了。

道理虽是这样讲，但实际运用就不那么简单了，而是需要下一番工夫的。对于一个死东西，可以依据杠杆原理，用棍撬，不用着急从容对付。但对于一个变幻不定的对象，他在不停地运动，甚至可能还在不停地攻击你，这时要在某一瞬间构成一个杠杆力学结构，就会产生一定难度。但只要把“腰功”练纯熟以后，即真正避免双重，解决虚实问题；而虚实变化的标准就是不丢不顶。彼虚我实，彼实我虚。看似舍己从人，实是主宰于我，人不知我，我独知人。我的重心时时叫人难以捉摸，彼的重心时时运动却在我掌握之中，待到得机得势，一发即出。

第二乘功——炁功

练炁是内功太极拳“三乘功法”中的第二乘功，是道家功法“练气化神”阶段，是太极拳以气变手阶段。练习这乘功时，要用内功丹田的气势，带动肢体的形式锻炼意念。腰要放松，不可再用腰，在放松的基础上，腰会自动地与两脚合上。此时要进一步放松，使内功气势带动肢体外形运动，即可体现出由脚而腿而腰的完整一气。歌诀曰：

形体圆球转，周身是弧线。
内炁后支援，碰上如触电。

一、关于练“炁”的理论

和“腰功”一样，在古代经典论著中，有很多关于“炁”的论述。

1. 老子在道德经中讲：“专气致柔。”

2. 张三丰在《学太极拳须敛神聚气论》中指出："传我太极拳法，即须先明太极妙道。若不明此，非吾徒也。学太极拳为入道之基，入道以养心定性、聚气敛神为主。心性不相接，神气不相交，则全身四体百脉，莫不尽死。虽依势作用，法无效也。心性神气，相随作用，则心安性定。神敛气聚，一身中之太极成，阴阳交，动静合，全身之四体百脉周流通畅，不黏不滞，斯可以传吾法矣。"

3. 张三丰《打坐浅训》中指出："收得一分气，便得一分宝；收得十分气，便得十分宝。气之贵重，世上凡金凡玉，虽有百两，不换一分。每逢打坐，必要心静神凝，一毫不起忖度希冀之心，只要抱住内呼吸做功夫。"

4. 王宗岳《解张三丰太极拳歌诀经论》中说："一举动，周身俱要轻灵，尤须贯串，气宜鼓荡，神宜内敛，毋使有凸凹处，毋使有断续处。由脚而腿而腰总须完整一气。"

5. 王宗岳的《太极拳十三势行功心解》记载："以心行气，务令沉着，乃能收敛入骨；以气运身，务令顺遂，乃能便利从心。"、"意气须换得灵，乃有圆活之趣，所谓变转虚实也。""行气如九曲珠，无往不利""气以直养而无害，劲以曲蓄而有余。""心为令，气为旗，腰为纛。""牵动往来气贴背，而敛入脊骨。""有气者无力，无气者纯刚。""气若车轮，腰如车轴。牵动往来气贴背，敛入脊骨。"

二、什么是内炁？我们为什么要练内炁

第二乘功要开发内炁。内炁是指婴儿出生时剪断脐带留在肚脐里面的炁。我们看小孩出生后他的哭声是震天动地，为什么？因为是内炁足。内炁伴随人的一生，内炁足人就健康，内炁不足，被消耗完了，人就死亡。

内炁不是呼吸之气，和呼吸之气无关，我们称它为真气，或称元气，人一生下来就有。内炁对人身体的健康有很大的作用，我们训练腰可使人祛病强身，训练内炁就能使人健康长寿。我们锻炼的目的就是使人祛病强身健康长寿。

内炁在体内是如何运动呢？我们可以自我体会一下，当人静静地吸一口

气，呼吸之气就到膻中（不能到小腹），这时候小腹的元炁就会由下向上升到膻中和呼吸气之气相碰。当呼吸气之气呼出体外时，内炁又自然地沉下去回到小腹。我们的每一呼吸内炁都在运动。俗话说“人临终时在倒气，倒什么气？有些人误认为是氧气，那是不对的，其实倒的是他体内的内炁。如果不缺氧气人就不会死亡的话，那人就可以长生不老了。因为内炁上不来了，供养不了身体了，人就死亡了”。

内炁就是活力，是一种成长的力量，万千生物都依赖它生长与存活。炁的活力到处都可以表现，最简单的例子：一粒种子埋在土里能长参天大树，一颗石子埋在土里是不会生根发芽的，这就是因为种子内蕴含内炁形成的活力作用。我们第二乘功修炼内炁，就是锻炼与加强人的活力。人到了 20 多岁以后，内炁会随着人的成长而逐渐被消耗减弱。所以，一般情况下年轻人总是充满活力，身体也非常健康，劳累了很容易恢复，普通疾病也很容易康复；而随着年龄老化身体状况也会变差，越来越容易疲劳，病痛增多也往往不易康复。这就是因为炁被消耗了，活力减弱的缘故。

三、结合盘拳、桩功练“内炁”

我们修炼二乘功首先要培养内炁，不但不让它消耗，而且还要让它逐渐恢复充盈，越练越足。要把腰练够一年再练这个内炁。具体练哪里呢？我们练的是丹田炁。哪是丹田？一般说是脐下三寸，我们不这么看。如果在肚脐与命门之间划成十等份，我们认为在从前往后的十分之三的地方（是指那附近的一片而不是一个点），这一片都叫丹田，练的时候就想着自己的肚脐就可以了。为什么要练这？前面讲过这里是存储元气之地，我们要通过“内运外动”活动它、培育它，把它引向四梢去。所以练拳时我们要以内炁的运动来带动肢体外形的运动，这种运动我们称之为“养”，是有益身体健康的运动；只有肢体外形的活动我们称之为“耗”，不益于培养内炁，只不过是身体的一种劳动。

练会了一套拳只能说会了拳架，太极拳是内家拳，只有把内功练好了才算真正有了收获，练太极拳必须要在内功上求进步。武禹襄的拳经说的非常清楚，“一举动周身俱要轻灵，尤须贯穿”，怎么贯穿？没有内在的东西（内功）是贯穿不了的。

盘拳架时，手出去就是用丹田送出去，往回就是丹田给它拉回来，这实际上就是符合古代的道家炼丹。我们练完肾脏就把精练了，然后再把丹田的内炁练了，这就是一套炼丹功。练第二乘功要牢记以丹田为中心，前后左右上下的运动都是通过这个地方来带动。

在练第二乘功中，我们要辅助站一个坎桩（图 5–5、图 5–6），坎桩是专门培养内炁的桩功。坎桩的姿势规范如下：两脚开立，与肩同宽，两臂自然下垂，两手上抬，手心向内，十指相对，但不接触，对正小腹。两手在小腹处如抱着一个球。内炁站充足以后，我们要再站一个离桩，让内炁松散到身体的每一处，松散到肢体的末梢，以润养身体，恢复身体的健康与活力。离桩手势与坎桩不同，即两手心向外，十指相对，但不接触，其余基本姿势与坎桩一致。

图 5–5

图 5–6

另一个动力桩，即狮子抱球桩，对培育、运转内炁也有很大的益处，姿势规范如下：两脚开立，与肩同宽，两手抱球于胸前，两手指微屈成莲花掌，手心相对，两手在内炁引导下左右滚动，上下滚动，前后滚动，用内炁带动，必须注意“内外相合”。

四、结合推手练“炁”

通过盘拳、站桩的方式，我们要达到把炁练足、练壮的目的，要练到它能完全配合我们手的动作。在推手中，化解对方的来力的方式是将丹田一撤，对方往往就会感觉一空，再拿丹田往前松松地送手，就能把对方发出去。这个劲要比肌肉运动的劲大得多，因为炁的能量已经与以前练习过的腰的能量合成一体了。

炁练习好了非常好用，但一定要先把腰练好，腰练的不够，先不要急于练炁。腰的练习时间也不能太长，太长了不易放下。刚开始练炁时会有些不习惯,腰总会不由自主的来帮忙,要注意坚决不想腰,每一动都用肚脐带着动。克服这个难关，就会越练越轻，越练气的感觉越充盈，越练炁就能越多地被调动。练习中注意不要鼓肚子，保持自然状态，手上身上不要有任何僵劲。

五、松散对练“炁”的意义

第二乘功“炁”在盘拳、站桩、推手中，要力求大松大软，不要起丝毫硬劲、僵劲，本书前面有单独讲“松”的章节，要认真研读，理解松的重要意义。特别是“松散”，对练“炁”有至关重要的作用。

为什么要把炁松散出来散向四梢呢？因为丹田炁聚集于小腹处，这区域本身不怎么动，炁不易驱动，必须通过一定的方式来引导炁运行。怎么才能引导炁运行呢？前人经过艰辛探索求证，留下了“以意运气，以气运身”的宝贵经验，在盘拳、推手中，如果用意念引导炁，这炁就能慢慢随着意念的路径运行，练习多了就可以做到“意动气随”，熟练了就可以达到“意到气到”。通过这种练习方式，炁在体内扩散一点就浸润一点，所到之处能强身健体，驱除了身体里的病气。把炁松散、充实到身体四梢、头部，对养生具有重要的意义。

第三乘功——神经

练习神经是内功太极拳“三乘功法”中的第三乘功，是道家功法“练神还虚”阶段，是太极拳“以意变手”阶段。在这个阶段，就是训练意念、神经。要用意念、神经促使内气的气势更进一步地扩展，用意念和气势带动形体运动。内气的气势越练越大，在内形成的“能量流”就越强大，这股“能量流”扩充到身体外，即“生物场”。

一、关于练“神经”的理论

王宗岳《十三势歌》：“势势存心揆用意，得来不觉费功夫。尾闾中正神贯顶，满身轻利顶头悬。”

武禹襄《十三势行功心解》：“以心行气，务令沉着，乃能收敛入骨。”“力由脊发，步随身换。”“牵动往来，气贴背，敛入脊骨。”

李亦畬《五字诀》：“一曰心静，二曰身灵，三曰气敛，四曰劲整，五曰神聚。上四者具备，总归神聚。神聚，则一气鼓铸，练气归神，气势腾挪，精神贯注，开合有致，虚实清楚……力从人借，气由脊发。胡能气由脊发？气向下沉，由两肩收于脊骨，注于腰间，此气由上而下也，谓之合；由腰形于脊骨，不于两臂施于手指，此气由下而上也，谓之开。合便是收，开即是放，能懂得开合便知阴阳。到此地步用功一日，技精一日，渐至从心所欲，往不如意矣。”

杨澄甫《太极拳说十要》：“含胸拔背。含胸者，胸略内含，使气沉于丹田也。拔背者，气贴于背也。能含胸，则自然能拔背；能拔背，则能力由脊发，所向无敌也。”

王培生讲意识的作用时说：“太极拳运动中，因为大脑神经都集中在动作中（意识引导动作），运动神经的兴奋性高，并且压倒疾病的神经兴奋性，久而久之练习，机体内疾病神经的兴奋性被驱除、被抑制，所以疾病的活动范围逐渐缩小。太极拳运动除肢体活动外，最重要的是使神经系统得到锻炼……中枢神经系统功能性刺激和积极的训练，有助于使被疾病兴奋所抑制或衰退的功能重新得到兴奋，从而调节各个系统的功能达到治病、健身的目的。”

二、什么是我们要练的神经

神经是人体一个非常重要的系统，它遍布我们周身，外到皮肤内至腑脏，无处不在，主宰着我们的坐卧行走甚至思维。

我们人体神经的最主体部分叫中枢神经。中枢神经系统接受全身各处的传入信息，经它整合加工后成为协调的运动性传出，或者储存在中枢神经系统内成为学习、记忆的神经基础。人类的思维活动也是中枢神经系统的功能。

中枢神经分成两部分：一部分是脑神经，包括视神经、听神经、嗅神经、张口神经、吞咽神经等共十二对，这部分神经没办法训练它；另一部分是由颈椎到尾闾之间的三十一对神经，这也是中枢神经的一部分，这部分神经很密集、很重要、很特殊，我们要练的就是这部分神经。

从颈椎到尾闾之间的大组神经包括：颈神经、胸神经、腰神经、骶神经以及尾神经五个部分，共有三十一对（图 5–7）。颈神经共有八对神经，从上往下的 1–4 对是颈丛神经，管着颈部。5–8 对是臂丛神经，管着胳膊。胸神经有十二对，胸神经的第一支神经仍然是臂丛神经，就是颈 5–8 至胸 1，都跟臂丛神经有关系。胸 2 齐着肩胛，胸 4 平着乳房，胸 6 平着剑突，到胸 8 就到肚脐了，往下胸 12 就到肚脐下了。胸神经主要和五脏六腑有关系。腰有五对神经，腰 1–2 就在骨盆上，腰 3 就进入骨盆，腰 4–5 就在骨盆里头，

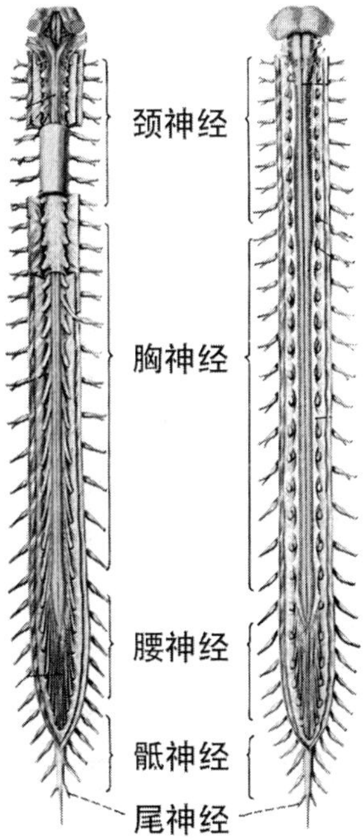

图 5–7

腰神经主要就管着下肢，我们常看见有些人被摔着或被撞着后，只要腰神经或者腰椎有骨折的地方马上下肢就瘫痪，就动不了。往下还有五对叫骶神经。最后一对是尾神经，共计三十一对。

特别注意，从腰5骶1–5及尾神经在一起组成的一大组神经叫骶丛神经。骶丛神经由四大组神经组成：第一大组坐骨神经，第二大组阴部神经，第三大组臀上神经，第四大组臀下神经。坐骨神经往下通过腘窝经过腿前面经过胫骨，后面经过腓骨都是坐骨神经，直到脚面脚掌足跟都是骶神经管辖范围。

三、怎么练神经

从颈椎到尾骨之间的有多对神经，数量众多而复杂，整个练是很困难的，但我们也不能只练其中的局部，练局部的作用很微小。怎么练呢？前人告诉我们通过练尾间的方式来练习它。歌诀曰：

接手保持圆，神意应贯穿。
腰弓胯松开，着眼在下边。
尾间指胯肘，劲源自上手。
内部出虚线，意念领着贯。
神意育其中，练内是奇功。

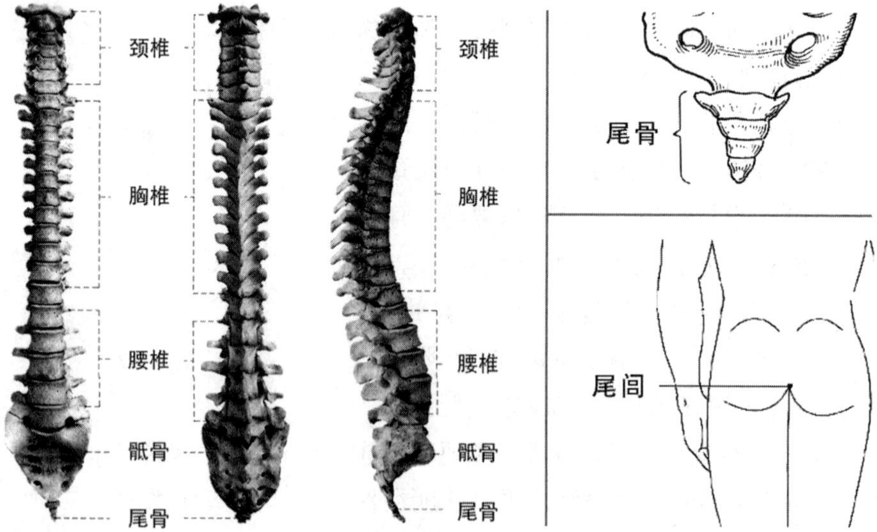

图5–8

很简单的几句话，说明的很透彻。告诉我们一个最简单的方法，我们练这一部分中枢神经在脊柱末端，歌诀中的“下面”即是指尾闾。进入第三乘功练习后，在盘拳、推手的过程中内运外动的内运就不是内炁了，而是用尾闾来内运。尾闾在脊椎骨的最尾端（图 5–8），也是中枢神经的最远端，它运动起来，骶神经就能够率领着坐骨神经、胫神经、腓神经、脚神经等一起运动。它的运动也能带动颈椎以下的整个中枢神经运动。

四、神经在盘拳与推手中的运用

前面已经说了，第三乘功是训练意念与神经。在拳架练习中，我们所有动作的运动都要在意念的指挥下，用尾闾来带动，特别是手部运动要完全由骶神经来支配。要练到“有手似无手”。在推手练习中，对方来进攻我们不是躲手，要顺其来力之方向用骶神经领着走，对方进多少，我们退多少。退无可退了怎么办呢？退不了时你微微地一转就化开了，这种方式在太极推手中叫顺化；如果对方来的是一个直冲的力，我们只须用骶神经往前一迎他，再稍微往左或往右微偏一点，然后把手松开拿骶神经往前一送，他有多大力也会失中，因为这破坏了对方的重心。这符合杠杆力的圆切线力，要注意手上一点都不能使劲，这时我们一碰他，他就顺着我们的斜坡劲就出去了，这叫逆化，逆着对方的来力化。

常人用臂膀力气比较多，对力量大的人通常俗话说“一膀子力气”，但这并不是一种最有效的方式。如果把一个人的躯体看成一个杠杆，两个胳膊

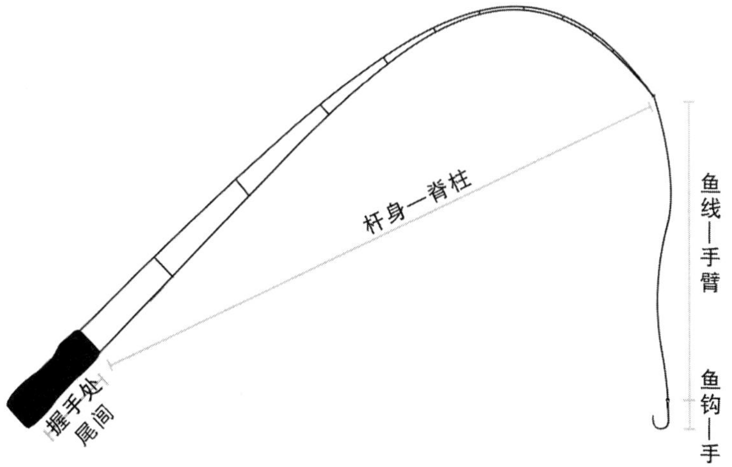

图 5–9

是杠杆的前部分，我们从杠杆的后头迎着他，在力臂说，我们把秤砣移到了尾闾处，杠杆达到最长了，它反应出来的力要比正常大五到十倍，所以能很轻松就把一个人发出去。这是内功的一个诀窍。举个例子，我们拿一根棍，竖着进攻人，对方没什么可怕的，对方要拦着你，你就进不去了。我们把棍直对着对方扎进去，对方就不易架住，这即口诀中“腰弓胯松开”的意思，用尾闾往前送，这力量就大得多了。这又符合我们钓鱼时鱼竿的作用（图5-9）。我们要求两臂像绳一样松软，不能有一点僵硬之力，两手就是鱼钩，脊柱就是鱼竿，尾闾就是鱼竿最后握手起杆的地方，鱼钩挂住，起杆处握着鱼竿从后边一抖落（扬），鱼就能被扔起来。这种方式它产生一种外人看来极大的能量，这里面需要有腰神经、胸神经、臀神经娴熟配合。

练“神经”我们不单纯是训练尾闾，更重要的是整个脊梁上的各组神经。特别是臂丛神经、骶丛神经，要把它们训练得极度敏感，完全被自己支配。与人接手，要用神经去感知对方，对方稍微一动我们就能感觉到，这时只须拿我们的神经在感知到的对方神经根处稍微一蹭皮，他的来劲就断了，就能把对方打回去了，如果在其神经根处一提或一收，就能粘黏起对方，剩下化、发就都随意了。这就是拳谱所说的“斯其根自断”，也即是“彼微动，我先动”“彼之将触我皮毛，我已入彼骨里”之妙。完全是神经的应对，与外在肢体没有关系。所以我们练好了神经以后，身上任何之处都无支点，是圆的，对方摸哪里都感觉是摸在球皮上，有多大的力气也推不着。这是因为我们走的是神经，通过臂丛神经感知，通过骶丛神经来应对，所以对方摸不着。如果摸着，我们转一转就化了。而当我们进攻时，手上一点信号都不给对方，只须用骶丛往前送，对方就会感觉架不住。这个力量很大，符合杠杆力原理，所以用不着使力，手越轻越妙。

五、第三乘功中的阴阳关系

太极拳离不开阴阳二字，离开阴阳就不是太极。我们练每乘功都要求“内运外动”，这里的“内、外”就是阴和阳的关系。练拳盘架中，我们常说看得见显于外的肢体是阳，内里是阴；若从“内运外动”的本意来讲，“内运”占主导地位，应该是阳；“外动”是被支配地位，则应该是阴。可见阴阳不是固定不变的，而是相对的、变化着的，也是相互渗透，可以互相转化的。

理解阴阳的辩证关系，对我们练习内功，特别是这第三乘功有很重要的意义。不是你会用尾闾，就算第三乘功练好了。还要继续训练，因为老用尾闾，尾闾就是“阳”，那么它对应的面“阴”是什么呢？就是神经，整个脊梁骨上的各对神经，如臂丛神经、骶丛神经、胸神经等等。为什么练胸神经？这丛神经练的时间长了以后，与人搭手时，对方稍有进攻或退却的意思，就能通过胸神经了解到，就能总走在他的前面。这就是推手常说的“立于不败之地”。练到敏感了就是“一羽不能加，蝇虫不能落”。熟练了就能“化于无形”，这个是非常科学的。

理解了阴阳，离“拳道”就更近了一步。先辈有言：练内功首先必修轻灵，能轻灵必须能懂劲，懂劲并知道方法为上乘功夫，懂劲不知道方法为中乘功夫，不懂劲为下乘功夫。学习“拳道”功夫，老师的正确教导非常重要，懂劲必须要有明白的老师传授。不懂劲的老师教出懂劲的学生是绝无可能的。学习过程最重要的原则是不能用力。不能光学很多招式，招式没有攻防的实际意义，招式只能用来引内气活动和运动。有些人明知使力是错误，偏要任意进行，执着于使用力量，到年老力衰才蹉跎不已。“拳道”的高层次功夫并不神秘，首先是要有明师指导，手把手地传授，不断纠正偏差；再有学习者要认真刻苦地学，还要不断地悟，不断去探索。只悟不练或者只练不悟都难以得“道”。

第六章

杨式老六路拳架套路

一、习练杨式老六路内功太极拳套路总的注意点

(1) 中正安舒，虚实分明。练拳首先要从外形上做到“虚领顶劲”“沉肩坠肘”“含胸拔背”“松腰松胯”，即身形上做到立身中正安舒，才能形正、气顺、劲整。练拳中要分清手脚的虚实及变化，才能形成整体的运转。

(2) 内运外动。整套拳都必须在劲源的引领下完成。都要坚持先运内而后动形，由内劲统领手脚，做到“上下相随”“内外相合”“一动无有不动”。

(3) 大松大软。要求练拳中，骨节要松开，场要松散，气要松沉，意要松灵。一句话，肌肉放松，不用一丝一毫的力，坚定“用意不用力，稍一用力即落旁门”的信念。

(4) 自然舒适愉悦。出脚上步以自然步为宜，拳架高低以略低于站立为宜，动作幅度适度。打拳过程中要有舒适感，保持愉悦的精神状态。

说明：书中的拳照和所附的光盘，因拍摄时间较早，后来拳架有所改动，加之为看清动作，拍摄拳照的角度有个别的调整，所以有不同之处以书中文字为准。

二、杨式老六路内功太极拳套路动作名称

第一路

预备势（无极势）	1. 起势	2. 揽雀尾	3. 单鞭
4. 提手上势	5. 白鹤亮翅	6. 左右搂膝拗步	7. 手挥琵琶
8. 左搂膝拗步	9. 进步搬拦捶	10. 如封似闭	11. 十字手

第二路

12. 抱虎归山	13. 上步揽雀尾	14. 斜单鞭	15. 肘底看捶
16. 倒撵猴	17. 斜飞势	18. 提手上势	19. 白鹤亮翅

20. 左搂膝拗步 21. 海底针 22. 扇通背 23. 翻身撇身捶
24. 进步搬拦捶 25. 上步揽雀尾 26. 单鞭

第三路

27. 云手 28. 单鞭 29. 高探马 30. 右分脚
31. 左分脚 32. 转身左蹬脚 33. 左右搂膝拗步 34. 进步栽捶
35. 翻身撇身捶 36. 进步搬拦捶 37. 小七星捶 38. 右蹬脚
39. 左打虎势 40. 右打虎势 41. 右蹬脚 42. 双风贯耳
43. 左蹬脚 44. 转身右蹬脚 45. 进步搬拦捶 46. 如封似闭
47. 十字手

第四路

48. 抱虎归山 49. 上步揽雀尾 50. 斜单鞭 51. 野马分鬃
52. 上步揽雀尾 53. 单鞭 54. 玉女穿梭 55. 上步揽雀尾
56. 单鞭

第五路

57. 云手 58. 单鞭 59. 下势 60. 左右金鸡独立
61. 倒撵猴 62. 斜飞势 63. 提手上势 64. 白鹤亮翅
65. 左搂膝拗步 66. 海底针 67. 扇通背 68. 翻身撇身捶
69. 进步搬拦捶 70. 上步揽雀尾 71. 单鞭

第六路

72. 云手 73. 单鞭 74. 高探马 75. 白蛇吐信
76. 转身单摆莲 77. 进步指裆捶 78. 上步揽雀尾 79. 单鞭
80. 下势 81. 上步七星 82. 退步跨虎 83. 转身双摆莲
84. 弯弓射虎 85. 进步搬拦捶 86. 如封似闭 87. 十字手
88. 合太极

三、套路动作详解

第一路

预备势（无极势）

预备势贵在调心、调身、调息。调心使其心平气和，心静意专。调身使其中正不偏，全身放松。调息使其呼吸平稳，匀细深长。练拳开始前，面向正南方，并脚站立；两臂自然下垂，使掌心贴近大腿两侧，头顶正直，舌抵上腭，两眼向前平远视，体重平均在两脚；意念在两手指尖。此式要求排除杂念，使身心达到虚静和松空。将全身骨节松开，肌肉和神经不许有丝毫紧张（详细要点见第三章无极桩功）。每天如此练习，养成习惯之后，全身运动时会自然产生“松、散、通、空”之舒服感（图6–1）。

图6–1

当自己感觉像站在一只摇摆着的船上，自己身体也在摇摆着，就说明思想已无杂念，已达到入静状态。否则，在思想上还有杂念未净。

从预备势开始，就要使身体产生一种特别舒服的感觉，而这种感觉只可意会，非笔墨能形容其妙！一直练到收势完了，始终保持每个动作都能做到松柔舒展，并长存不懈。入静的时间越长，使大脑休息得越好，养生效果也越好。

根据传统要求“虚灵顶劲”、“气沉丹田”、“尾闾中正”、“含胸拔背”，放松全身，做到立身中正安舒，并贯穿于整套拳之中。这些要求，为太极拳所有动作的共同要求，须牢牢记住。因为我们是内功太极拳，在练拳架动作时，常有“内劲”之说，练整套拳时，必须由劲源引领完成。

第一式　起势

动作一：左脚横移，身体和头顶保持正直，用意念使鼻尖微向右移和右脚大趾成上下垂直线，然后使尾骶骨和右脚跟上下对正。这时左脚自然向左横移至与肩同宽为度，左脚大趾虚粘地面，两眼仍向前平视；重心寄于右腿；意念在右手小指指尖（图 6–2）。

图 6–2

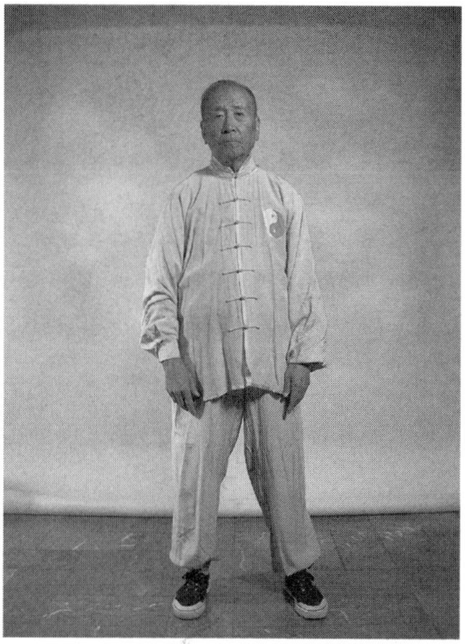

图 6–3

感觉：重心在身体右半边，左半边松弛。

动作二：用意念从右手小指的指尖开始想起，依次意想无名指、中指、食指、大指、掌心、掌根。与此同时，左脚二、三、四、五趾，脚掌，脚跟也自然地依次相继落平，两脚平立。重心平均在两腿。视线不变，意在两手的食指指尖（图 6–3）。

感觉：轻松地呼吸了一口气，上身感觉舒服；两脚如树植地生根，特别沉稳。

动作三：两腕前掤，用意念集中到两个肘上，两肘向前、向上、向后划圆，两手掌随肘划圆，掌心向下微微下按，掌心好像按着一个气球，两掌心各含着一个气球，向前上方平举，至手腕高与肩平，宽与肩齐为止；两手掌心相对，掌心微凹。自起势开始，至全套拳架练完，自始至终要保持气球在手心含着（图 6–4、图 6–5）。

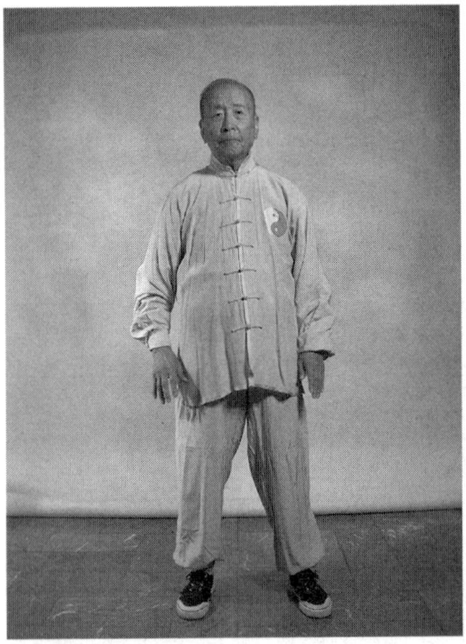

图 6–4

图 6–5

感觉：吸气球的两手发胀，前胸舒畅。

动作四：松肩坠肘，两臂自然回收，两手收至下颌前，两掌下探，像捋髯状降至腹前；与此同时，两膝松力，身体微蹲使髌骨尖与脚尖上下成垂直线为度；眼神平视（图 6–6、图 6–7）。

图 6–6

图 6–7

感觉：由于“尾闾中正神贯顶，满身轻利顶头悬”，所以大腿和小腿发胀，发热而有劲，显得下盘稳固。

第二式 揽雀尾

（一）左右掤式

动作一：接上式，重心右移，向下松沉，右掌上提，掌心向左，向后划一小圆，左掌微下按；左脚向前上步，脚跟着地，脚尖翘起（图 6–8）。右掌随即向前下穿掌；随左脚踏平，左膝前弓至膝盖和脚尖垂直相对，右掌穿至左脚旁，落于两脚中线；眼神注视前下方（图 6–9）。

图 6–8

图 6–9

动作二：右腿抬起，右脚向右转 90°，身体同时右转 90°，向正西；随转左脚内扣，重心慢慢移于右腿，右腿屈膝微蹲；以右臂向右上弧形掤出，右手臂微屈；眼神随右臂上掤（图 6–10）。

动作三：上动不停，左手缓缓外旋向右下抄转，右手内旋在上，左手在下，两掌心上下相对抱球，重心也同时移到右脚；左腿微屈，脚尖轻轻点地。这时全身重量都在右脚上了（图 6–11）。左脚提起向西南迈出，脚尖向西南，脚跟落地时须注意两脚跟仍保持与肩同宽的距离。然后，左手缓缓随腰转动，手心向内，对准两乳中间，以左臂弧形向左上掤出；右手心向下按转到右胯

图 6–10

图 6–11

图 6–12

图 6–13

旁；同时右腿渐伸，左膝渐弓；眼神关注左臂（图 6–12）。

动作四：重心完全移到左腿，右脚提起向正西上步；与此同时，右手向左上移动，手心向外，食指尖与眼平；左掌内旋抬起，手心向外，与右手并排，中间距离约一掌宽（图 6–13）。随身体右转，重心右移，双掌同时向右前方斜掤至西北；成右弓步，左脚向右扣 45° 至正西（图 6–14）。

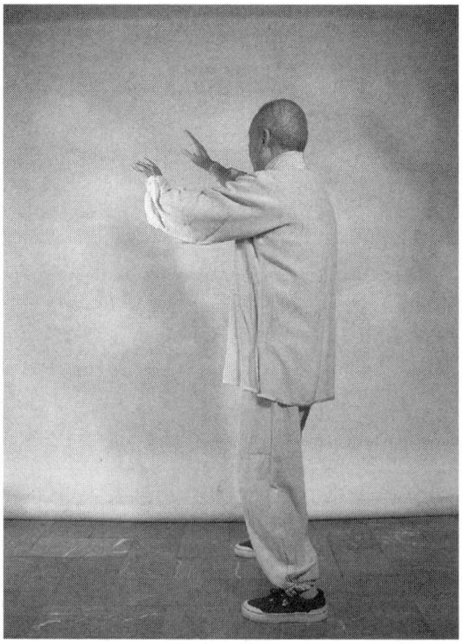

图 6–14

图 6–15

图 6–16

动作五：左手外旋慢慢翻转，手心向上，右手手心向下，体重由右腿慢慢移向左腿，两臂随重心左移，两掌左下捋。左脚踏实，左手内旋走外上弧形，手心翻转向下，高与肩平；右手外旋走下弧，手心慢慢翻转向上，右手至左肋旁，左手在上，右手在下抱球（图 6–15）。右脚提起向西北方向上半步，脚跟着地，脚尖微翘起。右手打掤，左手下按到左胯旁；同时右脚踏实，重心前移成右弓步（图 6–16）。

注意点：打掤时，意念要走出背靠、肩、肘、挒、掤五种混合劲。全部动作都要在意气引领下完成，初学者要在“腰”引领下运动。左手动要由左腰驱动，右手动要由右腰驱动，腰领动多少，手动多少，过与不及都不是。动作要柔缓，速度要均匀。手、脚的动作，在文字中叙述虽有前后，但在运动中必须同时开始和同时完成，更要协调一致。要做到“一动无有不动，一静无有不静”。左右臂前掤时须与肩平，不可过高或过低。掤出时肩关节不可前探，要以身体直立，前移时膝盖前侧垂线以不超过脚尖为度。上步脚跟落地时须注意两脚跟平行线间距保持与肩同宽的距离。

（二）捋式

接上式，重心后移，左腿松沉，上身微向右转含胸，右手内旋使手心朝下，指尖朝前，左手外旋使手心朝上，两手随腰脊后移之势，屈肘缓缓向右后下方弧形捋之；眼神关注两手。此为捋式（图6–17）。

注意点：身体右转时要以腰为轴，内劲带动；后撤时，身体要保持正直，不要前俯后仰。这趟内功拳自始至终，对身形的要求都是一致的。左手动，用左腰领动；右手动，由右腰领动。动作要柔缓，速度要均匀。

图 6–17

（三）挤式

接上式，腰向左转，用内劲带动左掌左掤，身体转向西北；右臂随身体左转摆回，右手外旋抬高至胸前，手心向内；左手内旋手心搭在右腕部（图6–18）。两臂上抬与肩平，左手心向外，用内劲带着向前打挤，重心前移成右弓步；眼神注视前方（图6–19）。

注意点：向前挤时手上一定要放松，两臂及肩部不可紧张，两肘不可用力挺直，劲源一定要催手前进，手的前进由内劲催发才符合歌诀，即“掤捋挤按要认真，阴阳互换定乾坤，劲源紧跟身手走，引拿发放皆随心”。挤时左手搭在右前臂腕部，内劲催着上身平送腰胯，意念想向两手搭接处一点。老拳谱对挤劲的解释为：“挤劲意何解，用时有两方，直接单纯意，迎合一动中，间接反应力，如球碰壁还，又如钱投鼓，跃然声铿锵。”意思是说，当对方来力时，我的挤劲要使其像球碰在墙壁上，铜钱投在鼓面上一样被弹回去。发挤劲必须内劲与形体相合，产生“弹簧力”。

图 6–18

图 6–19

（四）按式

接上式，两手手心均转向内，两手分开，中间留有一手掌距离，两手心均翻转向下，垂直下按，身体后撤，两手随身体后撤，向腹前回收（图 6–20），两手心好似扶在箱子盖上。然后内劲送达手指，好像掀箱子盖，内劲催促两手向前上按出，重心移于右腿成右弓步；眼向前平视（图 6–21）。

图 6–20

图 6–21

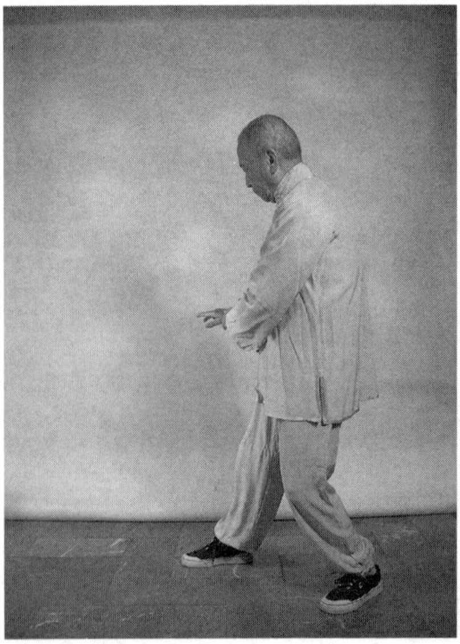

图 6–22

图 6–23

图 6–24

接上式，重心后移，左腿松沉，身体微向右转含胸，同时左手外旋翻转向上，右手心转向下，向右肋后下捋（图 6–22）。身体向左转至西南，右脚内扣至西南，重心在左脚；随体左转，左掌向上掤，收至胸前，掌心向内，对正两乳间，右手随之至腹前，抬起右臂，掌心向内，重心移回右脚，调整左脚碾至与右脚平行后，重心平分在两脚（图 6–23），与此同时，左手内旋轻轻搭于右手腕上，两臂抬起与肩平，在内劲引领下向西南打挤，双膝微松；两眼平视（图 6–24）。

注意点：比如当对方来挤劲时，我双手轻扶在对方的前臂上，胸部微微内含，大约内含一个韭菜叶的宽度，胸部作为一个点，自己手的大拇指为一个点，另在地上找一个点，用内劲将上边两个点合向地上之点即可，当按劲完成后，对方所来之力，必向相反的方向跌去。发按劲时，周身不要紧张，不得僵滞，按劲常伴随挤、掤内劲催发。

第三式　单鞭

接上式，重心移至左脚，身体左转，扣右脚至正南。转动前眼先向左看，随体左转，两手在正南方向，右手心向东，从上向下弧形下落至右胯旁。重心移至右脚，左腿舒展，向左调步，面向正南，同时两手手心向下，由右向上向左平云，至东南方向，划圆弧收回至胸前，回收时左掌心翻转向上，右

图 6–25

图 6–26

掌掌心向下，两掌心相对；眼神转向右平视（图 6–25—图 6–27）。左手轻托右手往右送，向正西打肘。右臂向右平伸五指撮拢，指尖朝下变勾，高与肩平；左手仍置胸前，掌心向内；眼神向左平视（图 6–28）。提左膝，向左转腰，左脚向左迈出一步，脚跟着地，内劲催左臂向左平贴，重心慢慢移至左脚，右脚随体左转，内扣至东南。面向正东，左手心翻转向下，内劲引领向下沉採，同时重心移至后腿。不停顿地重心再移向前腿，内劲引领左掌弧形向上、向前按出成左弓步。眼神关注左掌（图 6–29）。

注意点：单鞭在整套拳架中，起着承上启下的作用。初练者，须细心体会、揣摩。练单鞭时应特别注意“中正安舒”。上身不可前倾，肩背不要倾

图 6–27

图 6–28

图 6–29

斜。提左膝向左转腰，左脚向左迈出一步时，必须在松膝松胯的前提下，在内劲引领下完成。左脚落地时必须保持两脚间一肩的宽度。内气必须通畅，整个动作均须在内气引领下完成。一定要做到“上下相随”与“内外相合”。一定要保持呼吸自然通畅，这样才能符合“气沉丹田”“气宜鼓荡”的要求。 如欲左顾，则眼神领先于左顾；欲右盼，则眼神领先于右盼。总之，要做到处处眼神领先，才能做到意到气到。

第四式　提手上势

接上式，重心右移，勾手松开外旋掤出，身体右转，左脚尖随之内扣至东南（图 6–30）。左手随之松落外旋，并重心再向左移，左腿微微沉坐，

图 6–30

图 6–31

面向正南。两手下移至胸前，眼神向南平视。两手和右脚同时上提，下落时右脚前掌点地，成右虚步，左手在右肘旁护胸，左手掌心对正右肘弯，两手手心斜相对，右手在前，左手在后，右手指尖与眼齐（图 6–31）。

注意点：由单鞭过渡到此动作是合劲，两手先随着内气向小腹处松沉，周身要保持“中正安舒”。两手沿弧形经两侧向前上捧起，而后两臂虚合，随转体肩背松沉后倚，通过内劲扩散，由两掌掤出。

第五式　白鹤亮翅

接上式，右手内旋，左手外旋，左右手同时向右下捋，将右脚踏平（图 6–32）。身体左转，左掤手，右脚随之内扣至东南，再将重心移至右腿（图 6–33）。右手外旋至手心向上，左手搭于右手腕部，向右前下打挤；同时左膝盖放松，向左前迈出一步，脚掌虚点地，成左虚步（图 6–34）。左脚踏实，左掌向左分开与左脚相合，右掌向前内旋逆时针划平圆，往前时手心朝左，回收时，手心朝左（图 6–35），不停顿地右掌自右胯前向前下穿出。左掌在左膝外侧，身体随穿掌向前移动，重心至左腿，成左弓步；眼神向前平远视（图 6–36）。右脚跟上半步，重心再次移于右腿，左脚掌虚点地成左虚步；右掌回抽至小腹前，手外旋手指慢慢翻转向上，掌心朝内向上穿掌，

图 6–32

图 6–33

图 6–34

图 6–35

当右手指尖至头顶高，腰向右转动，右手掌心转向朝前；左手手心朝下，按于左胯旁；面向东南。此势要求全身放松，两臂舒展，好似白鹤腾飞之势（图 6–37）。

注意点：由提手上势过渡到白鹤亮翅，此式开始是胸向偏南，逐步转向

图 6–36

图 6–37

正东，亮翅时胸向东南，要有朝上的气势，但右腿要沉坐，腰要上拔。除右脚外全身都要放松，这样就有身体拔长的感觉。要注意收腹，虚灵顶劲，精神要提起，下肢要稳重，左脚尖要虚点地面，眼神注视前方。右掌划圆及前穿过程，要“虚领顶劲”，切忌低头猫腰。

第六式　左右搂膝拗步

接上式，左搂膝。身体微微左转，至胸向正东，随转松右肩，右肘下沉，右掌外旋走弧形下落至右胯侧，随下落手臂外旋，手心渐渐翻转向上；同时左掌也随着身体转动自左下向前胸而上，成弧形右移。眼神要关注右手。左脚上提，上体继续向右微转，随转体，右手弧形向西南方向上移。左掌向右弧形落于腹前（图 6–38）。左脚向正东上步，脚跟着地，脚踏实，随着重心移至左腿，身体左转至正东，弓左腿；同时，左掌向下护裆，右掌随体左转继续向前向上，弧形移向正东，腕与锁骨平，指尖斜向东北，掌心斜向里。神意继续向左“顾”，再转回向右“盼”。重心微后移，意向下松，右臂内旋至掌心向内，下切至胸前，打“切”（图 6–39）。随重心前移至左弓步的同时，右掌内旋，掌心向下，向前、向上搓、按，手腕高与锁骨平；眼神向前平视（图 6–40）。

图 6–38

图 6–39

图 6–40

图 6–41

右搂膝。重心后移，身体左转，左脚以脚跟为轴，脚尖向左开 45°。左掌渐渐以弧形向西北上移，随移随着手臂外旋，掌心翻转向上；同时右掌自身前弧形向左下移，使掌心翻转朝下；眼神随转体向前平视。左脚踏实，重心移向左腿，身体微向左转，同时右脚上提，右脚向正东上步，脚跟着地，

图 6–42

图 6–43

脚踏实；随转体左掌弧形向西北方向上移，右掌弧形向左落于腹前（图6–41）。随着重心移向右腿，身体右转至正东，弓右腿成右弓步；同时，右掌向下护裆，左掌随体右转继续向前、向上弧形移向正东，腕与锁骨平，指尖斜向东南，掌心斜向里。神意继续向右“顾”，再转回向左“盼”。重心微后移，意向下松，左臂内旋至掌心向内，下切至胸前，打“切”（图 6–42）。随重心前移至右弓步的同时，左掌内旋，掌心向下，向前、向上搓、按，手腕高与锁骨平；眼神向前平视（图 6–43）。

左搂膝。重心后移，身体右转，右脚以脚跟为轴，脚尖向右开 45°。随身体转动，右掌渐渐以弧形向上移动，随手臂外旋，掌心翻转向上；同时左掌自身前弧形向右下移，使掌心翻转朝下；眼神随转体向前平视。右脚踏实，重心移向右腿，身体微向右转，同时左脚上提，向正东上步，脚跟着地，脚踏实；上体继续向右微转，随转体右掌弧形向西南方向上移，左掌弧形向右落于腹前。随着重心移向左腿，身体左转至正东，弓左腿成左弓步；同时，左掌向下护裆，右掌随体左转继续向前、向上弧形移向正东，腕与锁骨平，指尖斜向东北，掌心斜向里。神意继续向左“顾”，再转回向右“盼”。重心微后移，意向下松，右臂内旋至掌心向内，下切至胸前，打“切”。随重心前移成左弓步的同时，右掌内旋，掌心向下，向前向上搓、按，手腕高与锁骨平；眼神向前平视（图 6–44、图 6–45）

图 6–44

图 6–45

注意点：此式是连续的前进上步，要打出顾、盼、切、搓、按，即“八门五步”中的左顾、右盼、前进、后退、中定。不管是上步中的左右转动，还是落脚后的重心前后移动，上体都要保持中正，两肩两胯都要持平，不能前俯后仰，左右摇晃，向后凸臀。这就要求手和腿的动作，都要在劲源的领动下完成，做到以心行气，步随身换，身随步移，整个动作才能协调、轻灵、柔和、均匀，没有停顿和棱角。

尤其注意打顾、盼、切、搓、按的手的动作，不要做成单纯的外形肢体动作，一定要注意在劲源的领动下完成。特别是打顾和盼时，手没有主动的动作，只是劲源走出顾、盼之意即可。手的动作基本不离中线。由盼转切也是劲源带动手边后撤边下切，不要做成只是手向下切。打搓、按时劲源催手向前、向上。手、腿、重心移动同时到位，做到上下相随、内外相合。注意神意和顾、盼、切、搓、按的配合，走出左右旋转的平圆和前后移动的立圆。做到连绵不断，即所谓“直线易溃，曲线得恒”。

第七式　手挥琵琶

接上式，重心全部移于左腿，右脚向前跟半步，重心移回右腿，身体右转至东南；左脚提起，向正东微伸，成脚掌着地的左虚步；同时，右手前臂稍外旋，使掌心朝左，屈肘抽至右腹前；左掌随身体向前弧形上举，臂外旋，使掌心朝右，左手在前，掌指朝前，高不过鼻，左手左膝上下相对，如抱琵琶状；眼神关注左手前方（图 6–46）。

注意点：此定势为虚步，要注意分清虚实，两肩要下沉，身势要含蓄，臀部忌突出。做到中正安舒、气沉丹田。跟半步再坐回来，两臂抽回成抱琵琶状，手的动作与脚的动作要协调一致。

图 6–46

第八式　左搂膝拗步

接上式，身体右转，随转松右肩，右肘下沉，右掌走弧形下落，至右胯侧，随下落随着手臂外旋，手心渐渐翻转向上；同时左掌也随着身体转动，自身前弧形向右下移，随移随臂内旋，使掌心翻转朝下；眼神要从关注左手逐渐转移到关注右手。左脚上提，上体继续向右微转；随转体，右手弧形向西南

图 6–47

图 6–48

方向上移，左掌弧形向右落于腹前（图 6–47）。左脚向正东上步，脚跟着地，脚踏实，随着重心移向左腿，身体左转至正东，弓左腿成左弓步；同时，左掌向下护裆，右掌随体左转继续向前、向上弧形移向正东，腕与锁骨平，指尖斜向东北，掌心斜向里。神意继续向左“顾”，再转回向右“盼”，重心微后移，意向下松，右臂内旋至掌心向内，下切至胸前，打“切”。随重心前移成左弓步的同时，右掌内旋，掌心向下，向前、向上搓、按，手腕高与锁骨平；眼神向前平视（图 6–48）

注意点：同第六式。

第九式　进步搬拦捶

接上式，身体向右转 45°，重心微后移；右手随转身外旋打掤，掌心转向内；左手回旋至小腹前，掌心朝上；面向东南（图 6–49）。右掌内旋，掌心朝下，弧形向下捋至腹前；重心渐渐移于左腿，左膝微弓（图 6–50）。提膝向东南上右步，成右弓步；同时右掌握拳，拳心翻转朝上，左手内旋掌心搭于右手腕部，向右前下在腹前打挤；鼻尖、膝尖、脚尖三尖相照；两眼平视（图 6–51）。身体左转，重心微后移，左手领，右手跟，带动两臂向前、向左、向里划平圆搬拳，右拳拳心向上，左掌掌心向下。身体右转，运

图 6–49

图 6–50

图 6-51

图 6-52

图 6-53

动至右膝两侧，两手与右膝成等腰三角形，拳眼向上，重心全部移于右腿，左脚提起，正东上步，随身体左转，重心前移，右拳内旋，向外再外旋，向前、向上拦至正东，手腕肩平，拳心向上（图 6-52）。重心后移，右拳回抽至胸前，左掌向前探出，再随重心前移，右拳边内旋边向正东打出，拳眼斜向左上，手腕与肩平；左手收回位于右前臂内侧，指尖朝前上；两眼向前平视（图 6-53）。

注意点：在连续进步时，要求速度均匀，此式要求上下相随、内外相合。上身要正直，右脚前上一步时，步子横开以大于一脚的长度为宜，上步落脚为东南方向，步法和手法要随腰转动；右拳打出时，拳要虚拢，劲源要引领，不可用拙力。

第十式　如封似闭

接上式，身体后坐，右腿弯曲，重心移向右腿；同时，左掌经右肘下向右外伸（图 6–54），并沿右臂向前，边伸边随着臂外旋，使掌心翻转朝里，右拳变掌，沉肘向胸部抽回，随撤随臂外旋，使掌心也翻转朝里，两腕相交，两掌与肩同高；眼神关注两掌。随重心继续后撤，后腿坐实；两掌向左右分开，指尖相对，两掌间距为一拳宽，随分随着两臂内旋使掌心朝下，垂直下按，随身体后撤向腹前回收。两掌上抬，掌根与肩同高，重心渐渐前移，弓左膝，蹬右腿，成左弓步；同时，两掌向前按出，掌心向前，指尖朝上；眼向前平视（图 6–55）。

图 6–54

图 6–55

注意点：要松肩坠肘，两臂随身体后坐收回撤至腹前。重心后移要坐实右腿，后坐仍要保持立身中正。重心前移、后退时要注意胸、腹、胯的齐进齐退，也即上下相随、内外相合。

第十一式　十字手

接上式，重心后移，身体右转，左脚尖里扣 90°，面向正南。再将重心移回左脚，提起右脚向右横开一大步，脚掌着地踏实，重心右移，成右侧弓步；两手同步向两侧分开，右掌随重心右移成侧弓步时按掌。左脚尖点地提起，向右脚并拢；两掌分别自左右经胸前向上划弧，合抱交叉于锁骨前，

图 6–56

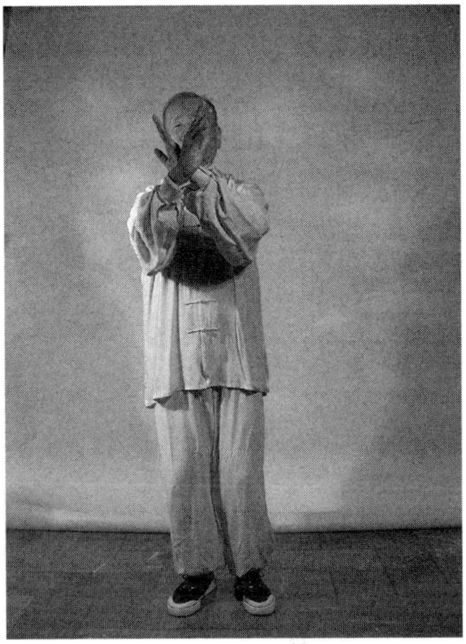

图 6–57

右掌在外，掌心向左，左掌在内，掌心向右；眼神先关注右掌划弧，当两臂交叉时，眼神自交叉处向远处平视（图 6–56、图 6–57）。

注意点：左脚尖里扣踏实时，右脚跟即渐渐离地提起开步，当右脚落实时，左脚提起向右脚靠拢，这也是步法中分清虚实及阴阳变化的要求。整个十字手动作要求，要上下相随、内外相合。两臂成环状，不可端肩抬肘。两腿直立时，全身都要放松。

第二路

第十二式　抱虎归山

接上式，重心渐渐移于右腿，身体右转屈蹲，提左膝，向正南上步，脚跟着地，脚尖翘起。右手上提至右耳旁，掌心向左，虎口对右耳垂，左手向下划弧至左膝旁（图 6–58）。左脚尖内扣至正西踏实，重心移向左腿，右脚提起同时身体右转，向西北上步，成右弓步；随转体，左掌顺势向上划弧经耳旁随腰向西北扑掌；同时，右掌内旋翻转向下，顺着腰部转动之势收至腰旁，此为左扑面掌（图 6–59）。然后重心后移，右掌外旋上提到右肩

图 6–58

图 6–59

图 6–60

前，掌心向左；同时左掌外旋，掌心向右，走下弧，稍向后捋（图6–60）。随右膝前弓，重心前移，成右弓步；右掌向西北顺势扑掌，此为右扑面掌。

注意点：此式的各式动作都是围绕着腰胯的活动来进行的。第一个扑面掌，左手是随着腰胯右转的动作扑出去的，同时右手也随之收回。第二个扑面掌是右手先提至右肩前，随着腰胯的前移、右膝弓出的动作扑出去的。所以其根在脚，身动掌随，练起来才合规范。双手轮换扑出，是在西北方向垂直面上交替划圆，称连环扑面掌，左右方向都可，但不要练成搂膝拗步。

第十三式　上步揽雀尾

接上式，本式与第一路第二式（一）动作五以后各式练法相同，在此不再重复叙述。

注意点：同第一路第二式。

图 6–61

第十四式　斜单鞭

接上式，动作要领与第一路第三式单鞭基本相同。只是向正西打肘改为向西北打肘，左脚上步方向为东南，右脚不再扣脚（图 6–61）。

注意点：同第一路第三式。

第十五式　肘底看捶

接上式，重心移于左腿，左掌内旋拇指向下，身体随之向左转，右腿抬起，向正南迈出一步（原来两脚的位置与右脚迈出的落脚点成等边三角形），脚

图 6–62

图 6–63

跟着地，并随转体扣向东南，同时右勾变掌，向前、向左划弧至正东。坐实右腿，调整左脚向正东上步，随右掌前按成左弓步，左掌外旋向左而下按至左胯旁。右脚跟半步，再坐回来，成前脚掌着地的左虚步。左掌由下经右前臂内侧向前上圆转穿出，掌心朝右，食指高与眉齐，大指对正鼻尖；右掌握拳外旋置于左肘下，拳眼朝上；眼神关注左掌穿出后，即向前平视（图 6–62、图 6–63）。

注意点：从斜单鞭过渡到肘底看捶，手脚要协调一致，步法要轻灵。此动作一定要在内气的引领下，做到上下相随、内外相合。松腰胯，两臂须呈弧形，不可挺直。胸部不要正对东方。

第十六式　倒撵猴

接上式，身体右转，左脚掌点地，左掌向前微伸；右拳变掌自左肘下，划弧撤至右胯旁，随撤随着臂外旋使掌心翻转向上。重心全部移于右腿，左腿提起。身体继续向右微转；同时，右掌向西南偏西方向弧形举至与肩平，左臂外旋使掌心朝上；眼神关注右掌后举（图 6–64）。

身体左转，左脚弧形后撤至左后方，脚尖先着地，随着重心渐渐移于左腿，左脚踏实，脚尖朝东北。身体渐渐左转，右脚尖碾向正东；随转体，左掌弧

图 6–64

图 6–65

形后撤于胸前，手心向上；右掌从后向前、向上弧形上移至正东，腕与锁骨平，指尖斜向东北，掌心斜向里。意继续向左“顾”，再转回向右“盼”。重心后移，内劲向下松，右臂内旋至掌心向内，下切至胸前，打“切”（图 6–65）。随重心继续后移左转，身体转向东北成右虚步；同时右掌内旋，掌心向下，向正东打“搓”；左掌向后拉开，两掌内劲上下相合，打“蹋”，右掌同胸高，左掌置于肋旁；眼神关注前掌（图 6–66）。

身体左转，左掌向西北偏西弧形举至与肩平，右臂外旋使掌心朝上；眼神关注左掌后举（图 6–67）。右膝提起弧形后撤至右后方，右脚尖先着地，

图 6–66

图 6–67

随着重心渐渐移于右腿，右脚踏实，脚尖朝东南。身体渐渐右转，左脚尖碾向正东；随转体，右掌外旋弧形收于胸前，手心向上；左掌从后向前、向上弧形移至正东，腕与锁骨平，指尖斜向东南，掌心斜向里。神意继续向右“顾”，再转回向左“盼”。重心微后移，内劲向下松，左臂内旋至掌心向内，下切至胸前，打“切”。随重心继续后移右转，身体转向东南成左虚步；同时左掌内旋，掌心向下，向正东打“搓”（图 6–68），右掌向后拉开，两掌内劲上下相合，打“蹋”，左掌同胸高，右掌置于肋旁；眼神关注前掌（图 6–69）。

身体右转，右掌向西南偏西弧形举至肩平，左臂外旋使掌心朝上；眼神关注右掌后举。左膝提起，左脚弧形后撤至左后方，左脚尖先着地，随着重

图 6–68

图 6–69

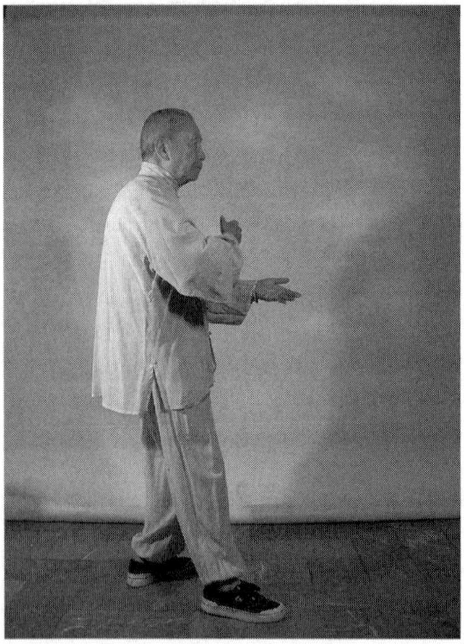

图 6–70

图 6–71

心渐渐移于左腿，左脚踏实，脚尖朝东北。身体渐渐左转，右脚尖碾向正东；随转体，左掌弧形后撤于胸前，右掌从后向前、向上弧形移至正东，腕与锁骨平，指尖斜向东北，掌心斜向里。神意继续向左“顾”，再转回向右“盼”。重心微后移，内劲向下松，右臂内旋至掌心向内，下切至胸前，打“切”（图6–70）。随重心继续后移左转，身体转向东北成右虚步，同时右掌内旋，掌心向下，向正东打“搓”，左掌向后拉开，两掌内劲上下相合，打“蹋”，右掌同胸高，左掌置于肋旁；眼神关注前掌（图 6–71）。

倒撵猴要做五个，下面重复第二、第三个倒撵猴，在此不做重述。

注意点：在连续退步时要注意两脚要向外侧后方落步，走出一个与肩同宽的双轨，不要退在一条直线上，身形要上下相随，保持中正，意气要内外相合，在神意气的引导下，走出顾、盼、切、搓、蹋，打搓蹋时是两手上下相合的内劲，即前手意在掌心向前下，后手意在掌心向后上同时搓蹋。

第十七式　斜飞势

接上式，身体继续左转，左掌向西北偏西举至与肩平，外旋使掌心向上，重心移向右腿，向右转腰，两手随转体划平圆，同时扣左脚向正东。重心渐移回左腿，右掌外旋向右、向下划弧经身前落至左膝外侧下指，掌心向左；同时左掌经面前划弧至左手背贴右耳为止（图 6–72、图 6–73）。身体微蹲，右膝微提（图 6–74），以左脚跟为轴向右转，左脚尖扣向东南，同时右脚向南上步，脚跟着地，随着重心渐渐移于右腿，至全脚踏实，弓右腿，蹬左腿，成右弓步；随转体，右掌以大拇指一侧从左下向右后上方挒出，高与额齐；左掌向左弧形下採，高与胯齐，掌心朝下；眼神随转体平视转移，要关

图 6–72

图 6–73

图 6–74

图 6–75

注右掌（图 6–74、图 6–75）。

注意点：向右后转身时，要立身中正，气沉丹田，意要松灵，以劲源引领。既可避免上身前倾，又可显得轻灵。右掌捌出时，要注意上下相随，内外相合，身、手、步协调，一动全动，一到全到，要不先不后，注意不要单以手捌出，以防其他部位跟不严。要做到肩胯、肘膝、手足相合。

第十八式　提手上势

接上式，身体微右转，左脚跟不停顿地提起，向前跟半步落地后，再向左腿微微沉坐，同时两臂微外旋，面向正南。其余练法及注意点与第一路第四式练法及注意点相同，不再重述。

第十九式　白鹤亮翅

接上式。本式与第一路第五式练法相同，不再重复叙述。

第二十式　左搂膝拗步

接上式，本式与第一路第六式的第一个左搂膝练法及注意点相同，不再重述。

第二十一式　海底针

图 6–76

接上式，重心全部移于左腿，右脚提起向前跟半步，左掌向上、向前与右掌同时顺时针划平圆，至左手正东，右手正南。重心移回右腿，同时左臂微外旋沉腕至腹前，右臂屈肘外旋，提腕至胸前。提左脚略前伸，脚掌点地，成左虚步，同时左胯内收，腰左转下沉，右腿屈蹲；右掌随转腰向前下插掌，左掌弧形下落于左腿外侧；眼神前视，要关注下插之手（图 6–76）。

注意点：左脚提起时，右腿要渐渐下蹲，左脚尖虚点地面，重心全部由右脚支撑。右掌提回下插时要防止抬肘。做海底针时，两臂不可伸直，要微屈。右掌向前下插时要随右腿下蹲同时动作。下蹲时，身体要正直，不可低头弓背，动作上下要一气贯通。

第二十二式　扇通背

图 6–77

接上式，身体直起。右掌由体前上提，随提随臂内旋，使掌心翻转朝里，左掌自左腿旁向前上提，掌心也向里，随左脚提起，两臂抽回到腹前。左脚向正东上步成左弓步；同时，两掌外旋翻腕，掌心向上、向前平送反採（图 6–77）。然后身体右转，右脚开步，脚尖向正南，随重心右移左脚扣至东南；两掌自腹前向右、向上、向左走圆弧掤出。随重心左移，右手在上走大圆，左手在下走小圆，至东南成左侧弓步。左掌指尖向上，掌心向外。右掌弧形上托，置于右额前，

图 6–78

图 6–79

掌心向外。两虎口相对，劲力相合。眼神向左平视（图 6–78、图 6–79）。

注意点：左脚向正东上步时，身体不可站起。变左弓步，翻腕前採时，内劲要走立圆。两臂划弧时，右掌上托要防止耸肩抬肘，要以内劲带领，弧形要求走圆满。定势时，两掌要有合劲。

第二十三式　翻身撇身捶

接上式，右掌向左前方正东挥出，重心移向右腿，右掌向右、向下沿胸前抽回，向右正西方打肘（图 6–80）。重心移向右腿，左脚内扣。左掌向右前方正西挥出，重心移于左腿，左掌掌心向右、向下沿身前抽回，向左正东方打肘（图 6–81）。重心全部移于左腿，右脚提起，身体右转，向西北上步；同时，右掌松握拳外旋，拳心朝上，随转体抽至右肋旁。随重心前移弓右腿，蹬左腿，扣左脚，至正西成右弓步，与此同时，

图 6–80

图 6–81

图 6–82

图 6–83

图 6–84

左手向西北打掌（图 6–82）。左掌外旋掌心转向内，对正胸部，重心后移，右拳从右肋走一小弧到胸前，拳眼向上。左掌弧形抽回扶在右拳眼上，右拳带着左掌沿右侧弧形向前撇出；随拳撇出重心移于右腿，成右侧弓步；眼神关注右拳撇出。（图 6–83、图 6–84）。

注意点：手法和步法要随腰转动，手的运动要依内劲带领，要注意上下相随和内外相合。撇身捶要注意图片上的显示，须详细观察，避免动作错误。

第二十四式　进步搬拦捶

接上式，右拳变掌左掌外旋，两掌成阴阳掌，随右转腰向右下划弧回捋，重心回至左腿。右掌握拳外旋拳心翻转朝上，左手内旋掌心搭于右手腕部，随重心前移成右弓步，向右前下打挤。此后动作与第一路第九式相同。

注意点：与第九式相同。

第二十五式　上步揽雀尾

接上式，本式与第一路第二式练法相同，不再重复叙述。

第二十六式　单鞭

接上式，本式与第一路第三式练法相同，不再重复叙述。

第三路

第二十七式　云手

接上式，重心后移，身体右转，左脚扣至东南，左手下采收至左胯旁，右手由勾变掌向右外挪。重心回移至左腿，左手在左肋旁由内向外划一小弧，按至左膝外，掌心向下，右手经腹前向左前下穿掌，掌心向左（图 6–85）。右脚向左脚靠拢，脚尖向南，身体直立面向东南。身体右转，重心右移，左脚扣向正南；右掌抽回胸前，腕与肩平，掌心向里；左手弧形回至腹前，掌心向里；右手在上，左手在下，两臂撑圆；面向正南（图 6–86）。

重心移向左脚，身体右转，右脚外摆至西南，右手下按至右胯旁，同时左掌向右前下穿掌，掌心向右，左脚向左横开一大步，脚尖正南（图 6–87）。身体直立，面向西南，重心左移，身体左转，右脚扣向正南；左掌抽回胸前

图 6-85

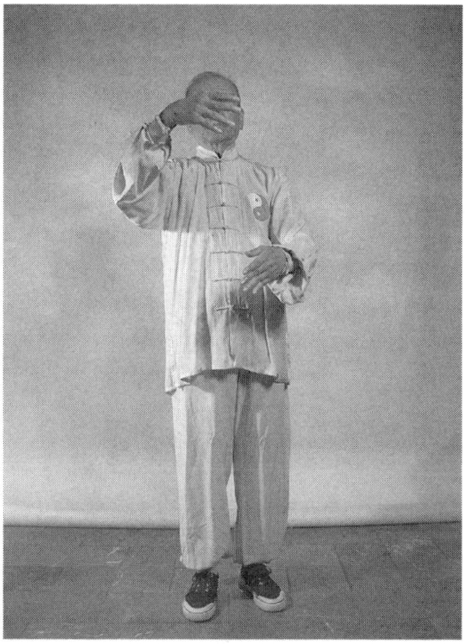

图 6-86

图 6-87

图 6-88

腕与肩平，掌心向里；右手弧形回至腹前，掌心向里；左手在上，右手在下，两臂撑圆；面向正南（图 6-88）。

重心右移，身体左转，左脚外摆至东南；左手下按至左胯旁，同时右掌向左前下穿掌，掌心向左（图 6-89）。右脚向左脚靠拢，脚尖向正南，身

图 6–89

图 6–90

体直立；面向东南。右掌抽回胸前腕高与肩平，掌心向里；左手弧形回至腹前，掌心向里；右手在上，左手在下，两臂撑圆；面向正南（图 6–90）。

继续向西南、东南方向各穿掌一次，转向正南，动作与前述相同。

注意点：当身体左右转动时，要以劲源带动，要保持“立身中正”。两臂撑圆，脊柱后倚，内气鼓荡。当身体转至东南或西南角时，要以劲源引领，先使外侧的手脚合上，打按劲，再俯身前穿掌，同时内侧脚跟步或开步，同时到位。前穿掌时，不要低头猫腰，不要停顿。身体直立后，面向东南或西南站直，并随左或右转动，用劲源将上手抽回抱圆。

第二十八式　单鞭

接上式，身体右转，两臂内旋向正西舒展，腕与肩平，向左平云至东南。下面动作与第一路第三式练法相同，不再重复叙述。

第二十九式　高探马

接上式，重心移于右腿，右手勾变掌外掤，左手随之下落，身体左转，左手外旋向正东打掤。右脚跟半步，右掌向下经腹前向上至胸前（图 6–91）。

重心后移，左手外旋回落，收至腹前，掌心斜向上；右手随右腿渐起成高虚步，向前探掌，指尖高与眼平；眼神随右掌探出向远平视（图 6–92）。

图 6–91

图 6–92

注意点：高虚步时上有顶劲要虚灵，拔腰要沉胯，立身要中正，不可挺胸或弓背。右掌探出及左掌回收时，要在内劲引领之下，右手向外向上，左手向里向下，如球体圆形转动。

第三十式　右分脚

接上式，左脚踏平，向右转身，左脚扣向东南，重心左移，调整右脚，面向东南。随转体右手外旋，两手掌心向里，右手在上，左手在下，向外打掤。两臂内旋，屈肘回收，走上弧立圆弧形按出，右手在上，左手在下。重心右移，身体左转，左脚外摆至东北，左手外旋打掤，面向正东。两手内旋，随转随向身体两侧弧形下落时，重心移至左腿，两臂松沉合抱，收经胸前，随左腿直立，右腿抽胯提膝（图 6–93）。两臂内旋，分别向东南和东北沉肘分开按掌，掌心向外，指尖向上，腕与肩平；右脚面绷平，脚尖朝前，向东南慢慢踢出；眼神关注右脚前方（图 6–94）。

注意点：由高探马右转，两手转平圆时，两臂要呈弧形抱圆，要饱满，

图 6–93

图 6–94

肘部要稍沉，旋转平圆要均匀。两臂在右转后探出时也不可挺直。从重心移至左腿两臂松沉合抱，到右腿抽胯提膝分脚踢出，是一个内劲由合到开的过程。即内气由劲源带领从四梢收回丹田，两臂关节（包括手指关节）都放松回收，左腿向下松沉。然后，内气再由劲源带领从丹田向上向外，送达四梢，这时右腿就如同轻浮在水面，微屈自然提起，并分脚踢出，绝不使拙力。两掌也随左腿直立，收经胸前，内劲掤满，向外微移，并向两侧按掌，开始仍要放松，不可耸肩抬肘。合时都合，开时全开，手脚同时到位。只有做到中正安舒，腰胯松沉，意要松灵，动作才能轻灵、沉稳，保持身体平衡。

第三十一式　左分脚

接上式，右腿屈膝，自然下垂，随左腿松沉，身体左转，右脚平行落于左脚旁，脚尖向东北，面向东北，成开立步；两臂随左转外旋，沉肘里收，掌心向里，左手在上，右手在下，向外打掤（图 6–95）。两臂内旋，屈肘回收，走上弧立圆弧形按出，右手在上，左手在下。重心左移，身体右转，右脚外摆至东南，面向正东，右手外旋打掤（图 6–96）。两手内旋，随转随向身体两侧打开弧形下落时，重心移至右腿，两臂松沉合抱，收经胸前，随右腿直立，左腿抽胯提膝（图 6–97）。两臂内旋，分别向东南和东北沉肘分开按掌，掌心向外，指尖向上，腕与肩平；左脚面绷平，脚尖朝前，向东北慢

图 6–95

图 6–96

图 6–97

图 6–98

慢踢出；眼神关注左脚前方（图 6–98）。

注意点：同三十式右分脚。

第三十二式　转身左蹬脚

接上式，左腿屈膝，自然下垂，左脚尖外撇向后落步（图 6–99），踏实左脚，身体随之左转，扣右脚至西北；随转身，两臂外旋，两手由体侧打开弧形下落时，重心再移回右腿，两臂松沉合抱，收经胸前，然后分别向西南和西北沉肘分开按掌，掌心向外，指尖向上，腕与肩平；左腿提膝，脚尖勾起向西南方蹬伸；眼神注视左脚前方（图 6–100、图 6–101）。

图 6–99

图 6–100

图 6–101

注意点：转身时，先要收左脚，可以点地，蹬脚时要以足跟为着力点。但注意内劲上下相随、内外相合，应要缓缓蹬出，不用拙力。其他要点同三十式。

第三十三式　左右搂膝拗步

接上式，左腿屈膝，自然下垂，右腿屈蹲，身体右转，向正西上左步。随右转，右手外旋，手心向上，至东北，左手弧形松落至腹前。此后动作与第一路第六式的左右搂膝拗步练法及注意事项相同，不再重述。

第三十四式　进步栽捶

接上式，重心后移，身体右转，右脚以脚跟为轴，脚尖向右开 45 度，随转体，右掌渐外旋弧形向东北方向上移，手心翻转向上；左掌自身前弧形向右下移，手心翻转向下落于腹前。提左脚向正西上步，随重心前移，身体左转，右手握拳向西圆转上提。左手手心朝下，并隐隐向前，右拳随着微微外展后向下栽捶，拳眼向左，拳面斜向前下，手腕与左膝平。左手收于右前臂内侧。然后向前上方划弧缓缓崩拳；眼神注视前方（图 6–102、图 6–103）。

图 6–102

图 6–103

注意点：在左脚上步时，注意上体保持正直；当右拳向下栽时，要用内劲向下带动，腰胯松沉，两肘微屈下沉，不可单纯用手向下栽捶。不可低头弓背，眼神注视右拳前方；不要抬头。

第三十五式　翻身撇身捶

接上式，身体直起，重心后移，左脚尖内扣；右拳变掌，掌心向下，向右向下沿胸前抽回，向右正东打肘（图 6–104）。下面动作与第二路第二十三式相同，只是方向相反（图 6–105—图 6–107）。

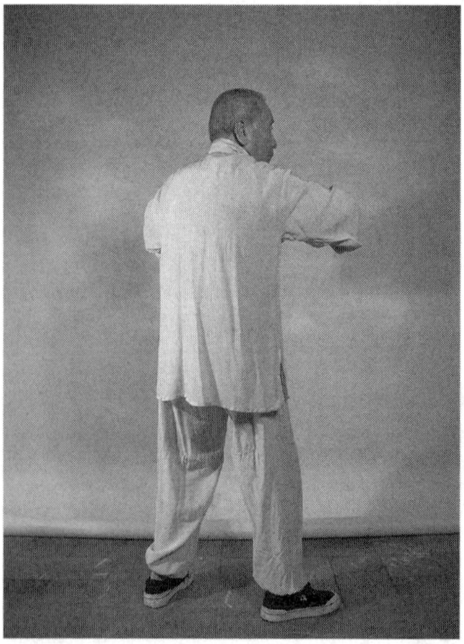

图 6–104

图 6–105

图 6–106

图 6–107

注意点：同二十三式。

第三十六式　进步搬拦捶

接上式，本式练法及注意点与第二路第二十四式相同，不再重复叙述。

第三十七式　小七星捶

接上式，重心后移，两臂外旋，收至胸前，右拳拳心渐渐翻转朝上。身体左转，左脚向左转 45°，重心前移，右脚向左脚旁上一步，与左脚靠拢；左手立掌掌心向右，大拇指对正鼻尖；右拳边内旋边向左前方冲拳，至左肘内侧，拳眼朝里（图 6–108）。

注意点：在重心前移右拳前冲时，内劲要贯满两臂，要做到上下相随、内外相合。

图 6–108

第三十八式　右蹬脚

接上式，身体右转，重心左移，右脚外摆，脚尖向东南，右拳变掌外掤，两手从身体两侧弧形下落至腹前松沉合抱，收经胸前后同时向东北、东南沉肘分开按掌，掌心向外，指尖向上，腕与肩平；右腿抽胯提膝，脚尖上勾用脚跟向东南蹬出；眼神注视右脚前方（图 6–109）。

注意点：同第三路三十二式。

图 6–109

第三十九式　左打虎势

接上式，右腿屈膝，自然下垂，右脚落于左脚内侧，脚尖向正东。重心移于右腿，两手右抱球。左脚向东北上步，随重心前移，左转腰，成左弓步左手向前掤，右手按于右胯旁（图 6–110）。身体继续左转，两臂外旋，掌心向上，随重心后移，左手引着右手向腹前松落。两手握拳提起，随重心前移，身体右转，两臂内旋，顺时针向左上方打出。左拳架于额前，右拳按于胸前，两拳拳眼皆斜朝内；两眼注视前方（图 6–111）。

图 6–110

图 6–111

注意点：接右蹬脚，右脚下落时，左腿要松沉控制右脚轻轻地着地，要符合“轻灵”的要求；左脚出步时要注意“迈步如猫行”的要求，同时上体要保持正直。

两手过渡为打虎势时弧形要走得圆，不要有棱角。注意上下相随、内外相合。打虎式完成时，两臂及背部要撑圆掤满。

第四十式　右打虎势

接上式，重心后移，两拳回捋，左脚里扣至正东，身体右转。重心移于左脚，左抱球，右脚向东南上步，随重心前移，右转腰，右手向前掤，左手按于左胯旁，成右弓步（图 6–112）。身体继续右转，两臂外旋，掌心向上，随重心后移，右手引着左手向腹前松落，两手握拳提起，随重心前移，身体左转，两臂内旋，逆时针向右上方打出，右拳架于额前，左拳按于胸前，两拳拳眼皆斜朝内；两眼注视前方（图 6–113）。

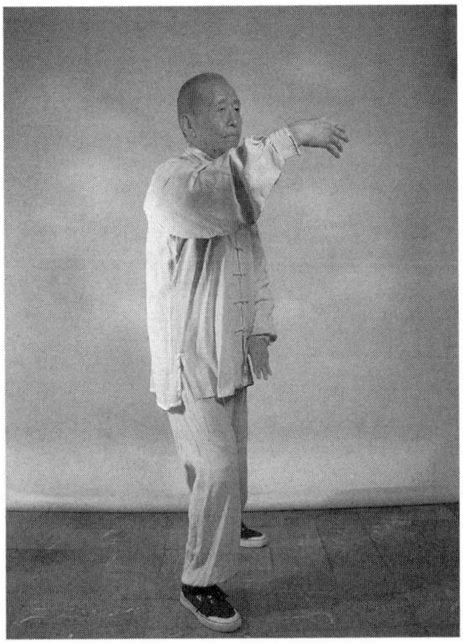

图 6–112

图 6–113

注意点：同左打虎势。

第四十一式　右蹬脚

接上式，重心后移，两拳回捋，右脚收回并步，拳变掌。下边动作同第三路第三十八式练法相同，不再重复叙述。

第四十二式　双风贯耳

接上式，右腿屈膝，自然下垂，右脚轻稳地向正东上步，重心前移，成右弓步；双手随臂外旋落于右膝两侧上方，手心朝上。随重心后移，双手反採下捋，由身体两侧向背后划圆，至两手手心摸到后腰，由命门向下至环跳，随重心前移成右弓步，双手握拳随臂内旋向前上划圆撑展，两拳眼斜相对，有两拳贯击对方双耳之势；眼神注视两拳（图 6–114—图 6–116）。

注意点：内劲随两臂向背后划弧时下沉。两手向下时，要含有採踏劲，内劲由劲源贯注两臂。向前合击时，肩肘要松沉，不要耸肩掀肘。要含掤、挤之内劲。

图 6–114

图 6–115

图 6–116

第四十三式　左蹬脚

接上式，重心后移，右脚尖摆向正南。重心前移，两拳外旋，划弧下落至与肩平时变掌，重心移向右腿；两掌松沉下落至腹前合抱，收经胸前，然后两臂分别向东南、西南沉肘分开按掌，掌心向外，指尖向上，腕与肩平；左腿抽胯提膝，脚尖上勾，用脚跟向东南蹬出；眼神注视前方（图 6–117、图 6–118）。

注意点：身体右转时，臂要成弧形，肘部微沉，两臂在旋转后伸出时也不可挺直。要含胸拔背，不可后仰。左脚蹬出时要以脚跟为着力点。蹬脚时上下相随、内外相合，但应注意要缓缓蹬出，不用拙力。其他注意事项同三十二式。

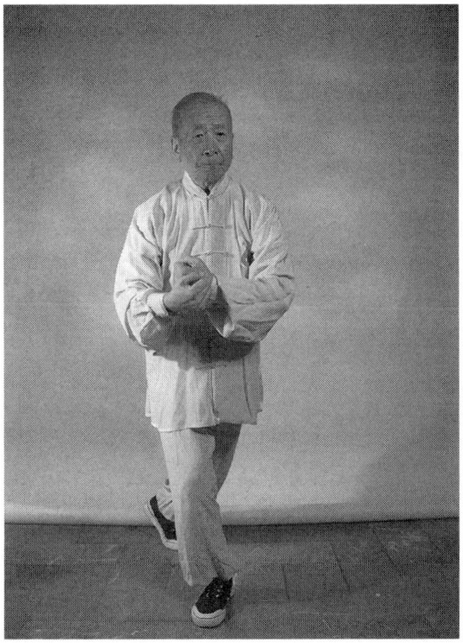

图 6–117

图 6–118

第四十四式　转身右蹬脚

接上式，身体向右后转，左脚随之成螺旋形绕落于右脚后侧，脚跟着地，脚尖扣向西北，重心移向左脚，右脚跟提起碾转，面向东北，左脚尖调整至东北，两臂平伸随身而转，眼神微向内敛。

两臂微向下沉，至腹前合抱，收经胸前，再内旋分别向正东、正北沉肘分开按掌，掌心向外，指尖向上，腕与肩平。接着右腿抽胯提膝，脚尖勾起，用脚跟向前蹬出；眼神注视右脚前方（图 6–119、图 6–120）。

注意点：左脚随转身呈螺旋形落于右脚后侧过程中，要一气呵成，中途不可以点地。要含胸拔背不可后仰。右脚蹬出时要以脚跟为着力点。蹬脚时上下相随、内外相合，但应注意要缓缓蹬出，不可用拙力。其他注意点同三十二式。

图 6–119

图 6–120

第四十五式　进步搬拦捶

接上式，右腿屈膝，自然下垂，左腿屈蹲，右脚向东南上步，调整左脚，成右弓步；两臂内旋松落至腹前，随上步右掌握拳，拳心翻转朝上，左掌搭于右腕部，向右前下打挤。下面动作与第一路第九式练法相同，不再重复叙述。

第四十六式　如封似闭

接上式，本式与第一路第十式练法相同，不再重复叙述。

第四十七式　十字手

接上式，本式与第一路第十一式练法相同，不再重复叙述。

第四路

第四十八式　抱虎归山

接上式，本式与第二路第十二式练法相同，不再重复叙述。

第四十九式　上步揽雀尾

接上式，本式与第二路第十三式练法相同，不再重复叙述。

第五十式　斜单鞭

接上式，本式与第二路第十四式练法相同，不再重复叙述。

第五十一式　野马分鬃

1. 右分鬃

接上式，重心移向右腿，左脚尖扣至西南，身体右转，至面向正西，右手松勾变掌，两掌随转体向正西平移前伸，掌心斜向下。重心移于左腿，右

图 6–121

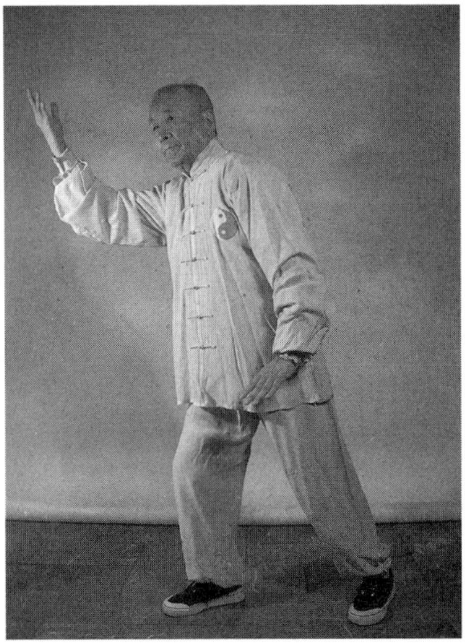

图 6–122

脚向正西上步，脚跟着地；同时，左掌屈肘划弧移于右耳外侧；右掌外旋自右上经左肘下划弧插掌，至右手背贴近左膝外侧，掌心朝左；眼神关注右掌（图 6–121）。右脚踏平，身体右转至正西，重心渐渐移向右腿，成右弓步；右掌经左肘下上提至下颌前，沿胸口方向向前上方穿出，掌心向里，指尖向上，高与眉齐；左手向下划弧按掌至左胯前；眼神向前、向上关注右掌（图 6–122）。

2. 左分鬃

重心后移，左掌向左向上划弧至正西，与右掌同高，右掌内旋，两掌前伸，掌心均向斜下。右脚尖外摆踏实，身体微右转，重心移于右腿，右腿坐实，左脚向正西上步，脚跟着地；同时，右掌屈肘划弧移于左耳外侧，左掌外旋，自左上经右肘下向右下划弧插掌，至左手背贴近右膝外侧，使掌心朝右；眼神关注左手（图 6–123）。左脚踏平，身体左转至正西，随转左掌经右肘下，上提至下颌前，右掌向右下划弧至胸前，随着重心渐渐移向左腿，成左弓步，左掌沿胸口方向向前上方穿出，掌心向里，指尖向上，高与眉齐，右手向下划弧按掌至右胯前；眼神向前、向上关注左掌（图 6–124）。

图 6–123

图 6–124

3. 重复右分鬃和左分鬃各一次。

此右分鬃与左分鬃动作相同，只左右相反。

注意点：上步穿掌两手在胸前相合交错时，应有相搓之意。上手必须手从口出，下手按至胯前，做到内外相合、上下相随、节节贯穿。由上步到弓步穿掌，要神意领先，先抬头，眼神由下向前、向上领着手穿出。

第五十二式　上步揽雀尾

接上式，本式与第二路第十三式练法相同，不再重复叙述。

第五十三式　单鞭

接上式，本式与第一路第三式练法相同，不再重复叙述。

第五十四式　玉女穿梭

第一个穿梭方向为西南角。

接上式，重心后移，左掌下移抄至左肋旁，掌心翻转朝上，左脚尖里扣至西南（图6–125）。身体右转，面向西南，重心移回左腿，同时右勾手变掌微收，随右腿提起向前踏出一小步，脚尖向正西，右掌向前按出，掌心向外，掌与肩平（图6–126）。左脚向西南上步；上步同时左手经胸前上提，与右手同时外旋掌心翻转向里，两臂弧形向外撑圆，高与肩平，随弓步到位

图6–125

图6–126

图 6–127

图 6–128

上掤前贴，上身微向前倾（图 6–127）。重心微后移，身体微右转，中指引领左手掌上升，在左手超过头部时，手腕旋转，使掌心向外于额前，右掌外旋向西南按去，手腕与肩平；成左弓步；面向西南角（图 6–128）。

第二个穿梭方向为东南角。

接上式，重心后移，身体右转，双手外旋回捋，扣左脚至正北，重心移回左脚，提右脚，继续右转，向东南上步，随转两手自然松落至上腹前。随弓步到位，左脚扣至正东；双手手心向里，两臂弧形向外撑圆，高与肩平上掤前贴，上身微向前倾。重心微后移，身体微左转，眼神平视东南方（图 6–129）。中指引领右手掌上升，在右手超过头部时，手腕旋转，使掌心向外于额前，左掌内旋向东南按去，手腕与肩平；成左弓步；面向东南角（图 6–130、图 6–131）。

图 6–129

图 6–130

图 6–131

第三个穿梭方向为东北角。

接上式，重心后移，身体左转，双手外旋回捋（图 6–132）。提右脚向左脚左前方上步，脚尖正东，两手自然松落至上腹前，并随左脚向东北方向上步弓步到位；双手手心向里，两臂弧形向外撑圆，高与肩平上掤前贴，上身稍向前倾（图 6–133）。重心微后移，身体微右转，眼神平视东北方。中指引

图 6–132

图 6–133

图 6–134

图 6–135

领左手掌上升，在左手超过头部时，手腕旋转，使掌心向外于额前；右掌内旋向东北按去，手腕与肩平；成左弓步；面向东北角（图 6–134、图 6–135）。

第四个穿梭方向为西北角。

此式与第二个穿梭练法相同，只是方向相反（图 6–136—图 6–139）。

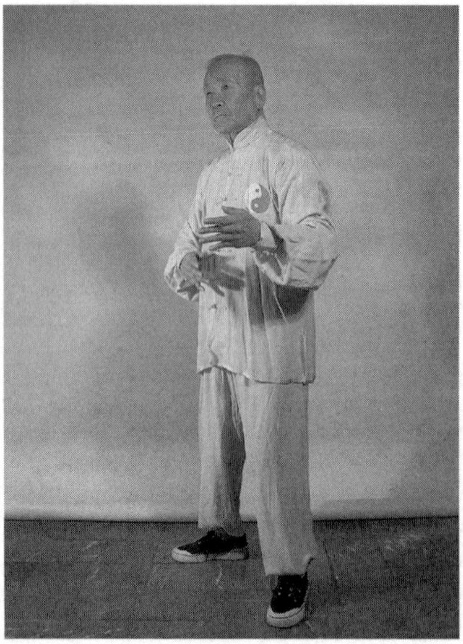

图 6–136

图 6–137

图 6–138

图 6–139

注意点：玉女穿梭共有四梭，方向依次是朝着西南、东南、东北、西北四个斜角。在每一个转身或上步时，不可起身，要保持身体正直，动作连贯、均匀、上下相随、内外相合、协调一致。手掌向上翻时仍需内劲引领，要防止引肩上耸或抬肘。推出一手的动作臂部不挺直，要微屈，肩、肘、臂均要松，内劲才能通达。变弓步、一掌前推时，脚尖、膝盖、推出的掌的方向要一致地朝着斜角。

第五十五式　上步揽雀尾

接上式，本式与第二路第十三式练法相同，不再重复叙述。

第五十六式　单鞭

接上式，本式与第一路第三式练法相同，不再重复叙述。

第五路

第五十七式　云手

接上式，本式与第三路第二十七式练法相同，不再重复叙述。

第五十八式　单鞭

接上式，本式与第一路第三式练法相同，不再重复叙述。

第五十九式　下势

接上式，右脚脚尖外摆至西南，身体略右转并微前俯，重心右移，扣左脚，左手外旋向右划弧摆向右勾手，至身体转向西南，成右弓步，眼神随左手向右。腰胯松沉，右腿屈膝下蹲，左脚蹬直身体左转，眼神向左，随转左手自右肩前下落至裆前，左脚外摆至正东，左手外旋，随重心前移沿左腿内侧向前上方划弧穿掌，右脚随之内扣至东南，右勾手落至右胯侧，成左弓步。眼神注视前方（图 6−140 －图 6−143）。

注意点：左掌从左向上、向右划弧，再向左、向下、向前穿掌，整个动

图 6−140

图 6−141

图 6–142

图 6–143

作都必须随腰胯转动，节节贯穿的完成。

第六十式　左右金鸡独立

接上式，左金鸡独立。随重心前移，左腿踏实站起，右腿抽胯提膝，脚自然松垂；右勾手变掌外旋随起身向正东划弧挑起，屈肘，肘尖置于右膝上

图 6–144

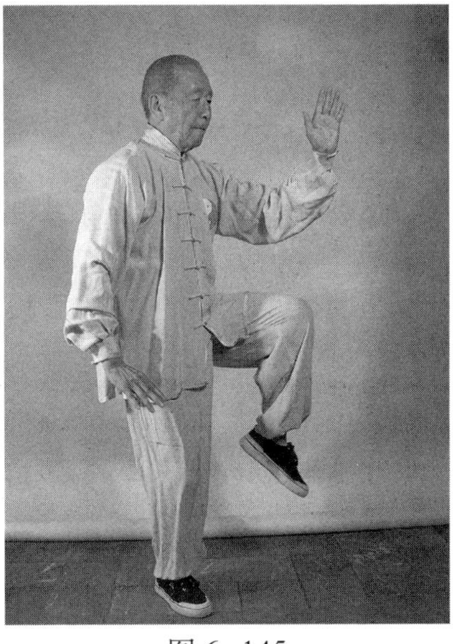

图 6–145

端，掌心向左，拇指对鼻尖；左手内旋下落按于胯左侧；眼神注视右手前方（图 6–144）。

右金鸡独立。左腿松沉，右脚落于左脚旁，脚尖向东南，身体微向右转，重心移至右腿，左腿抽胯提膝；左手外旋向正东划弧挑起，屈肘，肘尖置于左膝上端，左手掌心向右，拇指对鼻尖；右手内旋下落按于胯右侧；眼神注视左手前方（图 6–145）。

注意点：金鸡独立势面向正东。第一个左独立，胸向东偏南。第二个右独立，胸向正东，但是手掌、上提的膝与脚尖一定要都向正东，不可偏向两侧，这称为“护中不露”。落脚按掌与提膝挑掌要在劲源引领下同步起落。

第六十一式　倒撵猴

接上式，右腿松沉，左脚在右脚前以脚掌落地成左虚步；同时左掌向前微伸，右掌外旋自右胯旁，随身体右转，掌心翻转向上。下面动作与第二路第十六式练法相同，不再重复叙述。

第六十二式　斜飞势

接上式，本式与第二路第十七式练法相同，不再重复叙述。

第六十三式　提手上势

接上式，本式与第一路第四式练法及注意点相同，不再重复叙述。

第六十四式　白鹤亮翅

接上式。本式与第一路第五式练法相同，不再重复叙述。

第六十五式　左搂膝拗步

接上式，本式与第一路第六式练法相同，不再重复叙述。

第六十六式　海底针

接上式，本式与第二路第二十一式练法相同，不再重复叙述。

第六十七式　扇通背

接上式，本式与第二路第二十二式练法相同，不再重复叙述。

第六十八式　翻身撇身捶

接上式，本式与第二路第二十三式练法相同，不再重复叙述。

第六十九式　进步搬拦捶

接上式，本式与第二路第二十四式练法相同，不再重复叙述。

第七十式　上步揽雀尾

接上式，本式与第二路第十三式练法相同，不再重复叙述。

第七十一式　单鞭

接上式，本式与第一路第三式练法相同，不再重复叙述。

第六路

第七十二式　云手

接上式，本式与第三路第二十七式练法相同，不再重复叙述。

第七十三式　单鞭

接上式，本式与第一路第三式练法相同，不再重复叙述。

第七十四式　高探马

接上式，本式与第三路第二十九式练法相同，不再重复叙述。

第七十五式　白蛇吐信

接上式，重心下沉，身体右转，左脚向东南上步，右脚碾转成左弓步；随重心前移左手上提从右手背上向东南斜上方穿出，右手手臂随转体稍向下沉按，横于左肋下，拇指指向左肋（图 6-146、图 6-147）。

图 6–146

图 6–147

注意点：此式在劲源的引领下，手脚动作要协调一致，如圆球运转，特别要注意上下相随，内外相合，一动无有不动。腋下要虚空，不要夹腋。

第七十六式　转身单摆莲

接上式，重心移向右腿，身体右转，左脚扣向西南，重心再移回左腿，

图 6–148

图 6–149

右脚脚跟内旋，带动身体随之右转；左臂内旋随转向右平摆至右肩前（图6–148）。向左转腰，右腿伸直向上从左向右摆起，左手由右向左拍击右脚面外侧；两眼看着手脚相击（图6–149、图6–150）。

图6–150

注意点：扣左脚与左臂内旋要一致。左手抬起伸向前方，右腿向右摆时，要脚找手，左腿要站稳。摆腿时，要用劲源引领，不要单纯用拙力摆腿。

第七十七式　进步指裆捶

接上式，右脚向西北方向落步。身体右转，重心前移，左脚向正西上步；右手随身体右转，外旋握拳，向右、向后、向前绕一弧形收于右腰侧，拳眼向上；左手外旋松沉回收；眼神关注左掌前拦（图6–151）。重心前移，身体左转，腰胯松沉，右拳向前下打出，成左弓步，拳眼斜向前上，高与小腹齐；左掌收至右前臂内侧；眼向右拳前方平视（图6–152）。

图6–151

图6–152

注意点：当左脚向前上步时，注意上体保持正直。当左转向下打拳时，要沉腰胯，不可弓背、低头或抬头。眼视右拳前方，但不可抬头。两肘须微屈，不可挺直。

第七十八式　上步揽雀尾

接上式，本式与第二路第十三式练法相同，不再重复叙述。

第七十九式　单鞭

接上式，本式与第一路第三式练法相同，不再重复叙述。

第八十式　下势

接上式，本式与第五路第五十九式练法相同，不再重复叙述。

第八十一式　上步七星

接上式，重心微后坐，左脚尖外撇，随重心前移右腿提起向正东上步，脚掌点地成右虚步；左手外旋沉肘微收，掌心向里，右勾手变掌外旋，从左掌下穿出，手腕相搭，握拳内旋至拳心向外，松沉外掤（图6–153、图6–154）。

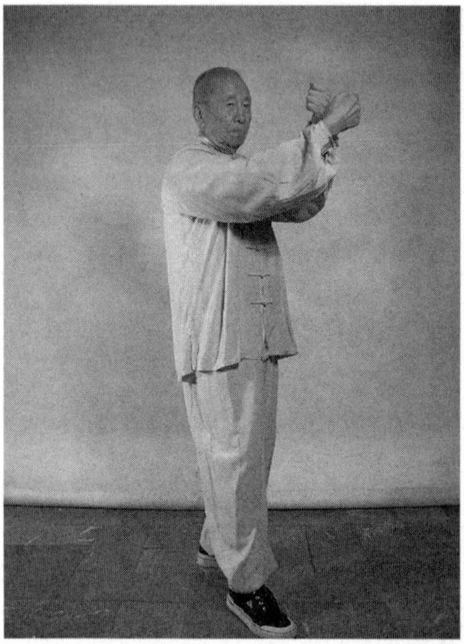

图 6–153

图 6–154

注意点：由弓步过渡到右虚步时要内劲引领，上步要轻灵，身体不要摇晃。上体要保持正直，要松腰胯，腰部要防止为了保持平衡而显得僵硬。不可用右脚尖来分担体重，虚实分清。掤时，要如掤如打，要有托架之意，注意不要做成向前上扬的动作；两肩不可因两拳交叉而上耸，两臂要成弧形，使姿势达到曲蓄而又圆满的要求。

第八十二式　退步跨虎

接上式，右脚向右后方撤步，重心移至右腿，左脚略向右移步，前脚掌着地成左虚步。接着右拳变掌落经胯右侧向右上方绕举，腕与肩平；左拳变掌经腹前按落于胯左侧；眼神注视前方（图6–155）。

图 6–155

注意点：向后退步时注意右脚的落地点，不要直退踏在一条线上。成退步跨虎势时，上体不可前俯后仰。两掌分开后两臂要成弧形，注意两掌不要距离身体太开，若太开就导致形体松散。

第八十三式　转身双摆莲

接上式，左脚提起，向右前方正南上步，脚跟着地，脚尖内扣（图6–156）。重心移向左脚，右脚跟提起碾转，重心移回右腿，左脚向西北上步，右脚微调成左弓步；同时左臂外旋内收至左肋旁，掌心朝上；右手向右后划一大弧回至胸前，掌心向下。左掌向右前方穿掌，掌心向上，指尖指向西北；右手背贴近左肘下，拇指指向左肋（图6–157）。

图 6–156

重心后移，身体右转，扣左脚至东北，随重心移于左腿，身体继续右转，左腿屈膝坐实，右脚仍为右脚掌着地成右虚步；两掌继续随转体向右平移，右掌移于身体右前方，左掌移于右腕左侧，稍低于右掌；眼随转体平视转移，眼神要观及两掌右移（图 6–158）。

图 6–157

图 6–158

图 6–159

图 6–160

腰自左向右转，右脚自左向右上方弧形外摆，膝部自然微屈，脚背略侧朝右面；同时两掌自右向左迎着右脚面拍击，先左、后右；眼神关顾两掌拍击右脚面（图 6–159、图 6–160）。

注意点：在转体时，身体不可摇晃，要立身中正，但腰部不可挺硬，仍应放松。摆莲时左腿松沉，然后随着内劲自左向右转，带动右脚自左向右上摆而渐渐直立，但不可挺直。

右脚摆莲是横劲，要由内劲带动右脚外摆，右腿放松，膝微屈，不用拙力。

第八十四式　弯弓射虎

接上式，左腿松沉，右腿松膝，自然下垂，向东南落步，身体右转成右弓步。两手自身体左侧经腹前握拳上提，至胸高（图 6–161），身体右转，两拳斜向对拉，右拳在右腹前，拳眼向上，左拳腕与肩平，拳眼斜上，方向东北；眼神关注东北（图 6–162）。

图 6–161

图 6–162

注意点：摆莲后，要将气沉下去，才能将双拳上提。同时内劲先使身体右转，再将左拳向左打出。

第八十五式　进步搬拦捶

接上式，右拳外旋至拳心向上，左拳变掌内旋弧形下落，拳心向下搭于右拳腕部，三尖相照，两眼平视。下面动作与第二路第二十四式练法相同，不再重复叙述。

第八十六式　如封似闭

接上式，本式与第一路第十式练法相同，不再重复叙述。

第八十七式　十字手

接上式，本式与第一路第十一式练法相同，不再重复叙述。

第八十八式　合太极（收势）

接上式，转腕使双手手心转向前，然后缓缓向前下按，腰背微微后倚，双目垂帘似凭栏下望（图 6–163）。双手再向下按落于胯前，随即自然地垂于胯两侧。眼神自然地向内收敛（图 6–164、图 6–165）。自然呼吸 6 次，意想病气从涌泉穴入地三尺。

图 6–163

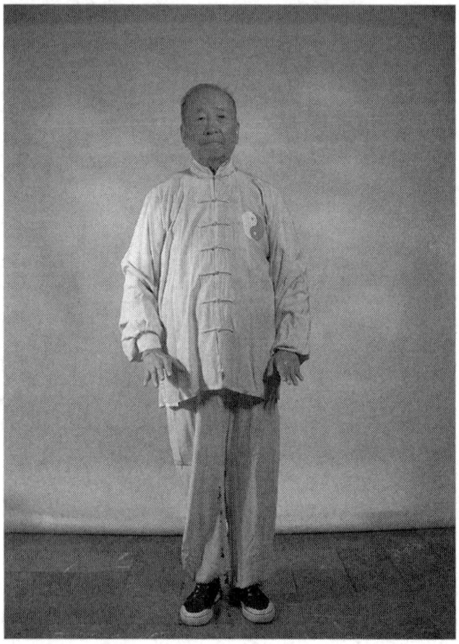

图 6–164

注意点：随着两手轻轻贴身下落，练第一乘功者（初级功者）要把腰放松，练第二乘功者（中级功者）或第三乘功者（高级功者）引内气徐徐沉入丹田，使体内元气渐增，然后身心俱静地站立片刻再收功，自由活动。

图 6–165

第七章

内功太极拳推手秘技

太极拳是武术，锻炼的目的有二：一为健身、养生；二为技击防身。太极推手是技击防身的主要运动形式，是一项对抗性强、较积极的竞技运动。传统上学习推手，应在学会太极拳架且具有一定水平的基础上再练习。我们所说的一定水平，就是学会拳架后，要把腰练活。做到腰与手能紧密配合，即手的活动，必须在腰的支配下运动。简而言之，腰支配多少，手运动多少，过与不及都不行。遵循太极拳“粘、连、黏、随”的要求，运用掤、捋、挤、按、採、挒、肘、靠八种手法。和前进、后退、左顾、右盼、中定五种步法，即十三势。要求坚持“不丢不顶，无过不及，随曲就伸，运转自如”的原则。

内功太极推手的主要要求：**上下相随，内外相合，一动无有不动。**

上下相随。上下系指由头顶到脚心的一个总体，这个总体又是相互分开各自为一的。要使这一总体能做到上下相随，首先从头顶至尾闾要中正安舒，继而从头顶到尾闾到脚心要互相配合，把意气下沉到腹腔，然后疏散到四肢，再合到中心，使之上下一体，四肢配合，才能做到一动无有不动。如果用力量来支配，包括四肢在内的躯干是各自为一又互相牵制的。身体三断，有称上、中、下三盘的。上盘和下盘可各自行动，产生的各种情况称为半截拳架，半截拳架是启动不了气机的。要防止此种情况出现，两臂的运动就要在身体周围的气场之内，松软圆活，不能用强力运动拳架。以腰胯带动下肢，两胯松散，两腿放松，使意气得以下沉到脚心。移动重心时，两手心与两脚心互相配合，手的摆动需要脚心去跟随，脚心跟着手心走，这种跟随主要是意念的作用，即意的跟随。同样，脚的移动也需要手心的扶持，手心扶持着脚心跟着脚移动，此即做到拳论中所云“其跟在脚，发于腿，主宰于腰，形于手指，由脚而腿而腰，总须完整一气”，手动、腰动、脚动，眼神也随之动，如是方可谓上下相随。而总的原则，必须要松，松才能轻，轻才能灵，灵才能自我觉察、自我要求。

内外相合。这里所说的内，即是神、意、气。所说的外，包括头、肩、肘、手、腰、胯、膝和足等人体外部躯干。神、意、气是无形无象的，没有办法形容它，但它是人体的“活力”。此活力充实，身体必然强壮；此活力不足，身体必然虚弱。太极拳是内功拳，故而应以培养内功为主，通过锻炼使“活力”充沛，再用充沛的“活力”来供给外形，发展外形。

太极拳所练在神，故云：神为主帅，身为躯使，精神能提得起，自然举动轻灵。架子不外虚实开合。所谓开者，不但手足开，心意也随之俱开；所谓合者，不但手足合，心意也随之俱合。能内外合为一气，则浑然无间矣。

按照上述练法，练一天有一天收获。如果不用内功运动外形，而单单去练外形，这样的太极拳，当体育运动尚可以，若使强烈运动，则有损而无益。

一动无有不动，一静无有不静。也即是，一动全动，一静全静。外边肢体运动，必须在内气的支配下，手动、腰动、腿动、脚动，眼神也随之动。这最符合杠杆学原理。

一、什么是太极推手

太极推手和盘架子是太极拳一个整体的两个部分。盘架子为拳之体；推手为拳之用。所以说学会了盘架子，还要学会推手，这才算体用兼备。因为太极推手是一种知觉运动，是锻炼身体中神经末梢的灵敏性，所以要练到和蟋蟀头上的触须一样敏感。它的动作反应不仅是快速，而且能指挥身体的进退、变化及腾挪闪展等技巧的机智灵活，从而能够使学者提高学习情绪和推敲的趣味，这也就是推手对健身的作用与目的。

所谓“推手”二字，是太极拳中的术语，有说推手的，也有说靠手的，或揉手的，名称不一。各派拳术家也都有此锻炼，以练习进身的方法。太极推手以懂劲为拳中要诀。懂劲初步是使皮肤富于感觉力。此感觉力的锻炼方法，在于两人的肘、腕、掌和指互相搭着循环推动，以皮肤与皮肤压迫温凉的感觉，察知对方用力大小、轻重、虚实及经过方位。这样练习久了，神经系统的感觉就特别灵敏，并能黏走互助。对方稍微一动，自己就会知道对方发劲的目的和可能的变化，这样才能算是懂劲，懂劲后愈练愈精。由此可见，推手是磨炼感觉，以为应用。所以说推手的原理并不十分复杂，盘架子主要是从练姿势中锻炼身体的平衡，就是不论怎样运动，也要始终保持身体重心的稳定。推手是在对方的推动逼迫下，仍要不失掉自己的重心。相反，还要设法引动对方失掉重心，这就比盘架子难了一步。在两人推手时，要时时刻刻地注意自己的重心平衡稳定，同时要想方设法破坏对方的重心，使之失去平衡。所以说，“盘架子以求懂自己之劲，推手以懂他人之劲”。这话的意思是说，盘架子和推手本属一体，欲要真知必须通过实践，才能达到知己知彼、百战百胜的目的。在实践当中，无论是练习推手还是盘架子都一样，必须要守规矩，力求姿势、手法正确。推手时两腿的重心要分明，弓步要弓得够度，坐步要坐得扎实，身法和盘架子一样，力求“中正安舒”“不偏不倚”；手法要认真锻炼，必须把掤、捋、挤、按、採、挒、肘和靠等每一手法练习正确。因此，对初学推手的人，只要求打轮；过去推手前，须要练习打几百个轮或几千个轮，甚至打上万个轮，待练习熟练之后，才可以问劲。推手时，视线的变动大体和练拳一样随手转移，按规矩把动作姿势练得正确，没有偏差，养成习惯，有了好的基础再进入高级阶段就容易了。

二、练习推手时应注意的问题

（一）要循序渐进，不要急于求成

功夫是由积累而成的。推手有定步推手、活步推手、大捋、折叠及烂採花（採浪花）等之分。其中定步推手是推手的基本功夫，所以学推手应先从定步推手学起。初学推手要多“打轮”，即推四手（掤、捋、挤、按），轮要打得够度，尽量往大里打，而且要打“圆”，即不凹凸、断续、缺陷。所谓定步就是不动步，主要是后边的脚不允许移动，移动就算输招。因此，在练习推手时，只要求放长身手互相推逼，在被逼时只许扩充“坐身”的势子（即前脚虚步，后脚屈膝略蹲），以容纳对方的推逼，然后顺势化开，不许用劲拨开，到被逼得实在化不开时，才许有顺势退步，如果退半步够了，只退半步，在进退过程中始终保持与对方的接触点不脱离开为要。照这样练久了，粘黏劲也就随之练出来了，有了相当功夫以后，再练折叠法（加大腰腿的活动范围）、大捋等，进一步增大腰腿功夫。

（二）不要过早地问劲

俗话说“熟能生巧”，推手更是如此。待真正懂劲之后，就自然会利用技巧去以小胜大、以弱胜强和以柔克刚，做到所谓“四两拨千斤”了。拳谱所谓“四两拨千斤”之句，是说一种在推手中能够得到最高效率的打法。而这种打法的练习方法首先是要做到“不丢不顶”，不丢的意思是不丢掉或者不离开地紧紧跟住对方。但是，在实际上做到这点并不是那么简单的。这里的不丢是用感觉去黏住对方的手臂，自己的手臂一面跟随，一面微微送劲，驱使对方陷入不利或者不稳的形势。这时，如觉对方没有反抗之力（即觉重里显轻）便可随时将其发出，如觉对方的接触点感到沉重发不动时，应及时将接触点微微一松，使对方感到一空，随即发之，可将其发出更远。这是利用“不顶”之法，先把对方拿起来，然后再用“不丢”之法将对方发出去。“不顶”二字，从字面上很好理解，只要手上毫不用力，任凭对方摆布就成功了。但是，推手时并不完全是这样，因为任凭对方摆布是使自己处于被动地位，而“不顶”则是以主动的精神去接受任何动作。在推手时，能够接受对方的摆布是必要的，但同时还须用感觉来侦察和了解对方动作的虚实变化，然后以自己的动作去适应它。

（三）忌犯“双重”之病

如果遇到对方用力打来，立即还手抵抗，那么就违反了太极拳中最重要的也是最忌犯的“双重”之病。像这种见招打招、见势打势的攻防手法是属于先天自然之能，而太极拳是不采用这种手法的。太极推手所采取的手法是以“先化后打”，而且在打击之前要造成“我顺人背”的形势，然后趁机追击，用力不多即可取胜，这就是按照拳谱上所说的“人刚我柔谓之走”。其意思是说，无论对方发出来的力或大或小，自己都把它比喻为“刚”来看待，不和它作对抗，而是以柔化为主，因而谓之“走”，即三十六计走为上策。所谓“我顺人背谓之黏”的意思是说，在自己想发招之前首先要求“顺”，顺是得机得势；其次是解除“背”，背是背着劲，不得机不得势。而要使身体由难受变为舒服，就必须按照拳谱中所说“身有不得机不得势处，必须于腰腿求之”的话去做。否则，便是舍近求远。这就是说，在推手时，当腰部感到难受不舒服，即背着劲时，“动一动腿”就解决问题了；如感到腿上背着劲，别扭、吃力不舒服时，“动一动腰”也就解决问题了。若按这个要领去做，便会使难受变为舒服，也就是由“背”转“顺”。同时应该注意，当自身感到得机得势、身上特别舒服时，不用问，对方正处在不得势。相反，这时候对方从心里感到特别舒畅，身上有一种说不出的得意、通顺之感，则我此时准是处于背势。由此可知“我顺人背谓之黏”就是说，我顺人即背，当我顺的时候，也就是发招的时候。切记：发招时要刻不容缓，一缓机失，即前功尽弃。所以说 ：“机不可失，失不再来。”这点是很重要的。因此，我们锻炼的不是在本能上加力使它快而有力，而是在本能上加以抑制，即用意不用力，使它用得更为适当，更为有效。

所谓“不丢不顶”这两种法则，在推手中训练进攻或防守时占主要地位，要使进退关系密切，做到不即不离，甚至达到连绵不断形成一体。其练习的方法是两人轮换做进攻或防守动作。比如对方只进一寸，我就给他一寸；进一尺，我就给他一尺（切记给时要走弧线），绝不少给，也不多给。少给犯“顶”的毛病，多给犯“丢”的毛病，应掌握好“度”。然而练习“不顶”时必须同时动腰坐身，不能只靠手上应付，手法与身法要配合协调一致。否则，手回身不回，反而给对方以舍手攻身的机会。

（四）推手主要靠腰腿上的功夫

锻炼腰腿除了注意基本功的练习（如弓、马、仆、虚、歇、坐等步法和身法的扭转变换）之外，还应注意两点：第一，先求开展；第二，后求紧凑。过去推手有闭住门户和敞开门户之说，意思是防人进攻之时应紧守门户，但也不完全如此。如果腰腿有功夫的话，就可以敞开门户，诱敌深入而把他放进来；相反的，如果只是在缩小门户上用功夫，没有开放门户的素养，在应用时，一旦遇到门户被人打开便会惊慌失措。所以练功夫要先求开展，后求紧凑。这和学习书法是一个通理，欲要写好小楷应先从大楷入手，等大楷写得有相当功夫了，再写小楷也就成功了。比如过去，见到那些好的墨笔字，虽然是蝇头小楷，但从它的全貌看来，则表现出和大楷一样舒展大方，带劲有神。这说明小楷能有如此之传神，在于在大楷上曾用过相当的工夫。所以，不论写字也好，练拳也好，推手也好，都要按照规矩循序渐进，先求开展，后求紧凑地去做。如果练惯了紧凑再求开展是比较困难的。太极拳的推手功夫，要求先练开展的目的是为了能够做到“上下相随人难进”和扩大“粘连黏随不丢顶”的高深功夫的训练手段，而这种训练方法，可以使得感觉更灵敏，听觉更清楚，问劲答更准，虚实更分明。所谓感觉，身有所感，心有所觉，有感必有觉，一切动静皆为感，感则有应，所应复为感，所感复为应。所以互生不已，感通之理，精义之微以致用。推手初步专在磨炼感觉，感觉灵敏则变化精微，所以无有穷尽。

所谓听劲。听谓之权，即权其轻重的意思，在推手中侦察敌情。听之于心，凝之于耳，行之于气，运之于手。所以说以心行意，以意导气，以气运身，听而后发，听劲要准确灵敏，随其伸就其曲，乃能进退自如，都是以听劲为依据的。

所谓问答。我有所问，彼有所答，一问一答方生动静，既存动静又分虚实。在推手时，以意探之，以劲问之，俟其答复，再听其虚实。若问而不答则可进而击之；若有所答，则须听其动静之缓急及进退之方向，始能辨别出对方真正的虚实变化。

所谓虚实。犹如将帅交锋之用兵。兵不厌诈，以计胜之。“计”即是指虚实变化多端的意思。拳术开始即是如此。姿势动作、用意运动各有虚实，知虚实而善利用，虽虚而实，虽实而虚，以实击虚，击虚避实，指上打下，声东击西，或先重而后轻，或先轻而后重。隐现无常、沉浮不定，使敌不知我的虚实，而我却处处知敌之虚实，彼实则避之，彼虚则击之，随机应变，听其劲、观其动、得其机、攻其势。因此，要知道虚实宜分清楚，一处自有一处的虚实，处处总此一虚实，了解道理之后，再默识揣摩，才能渐至从心所欲。

另外，还应该知道“量敌”之法，以己之短当人之长，谓之失计，取胜之法在得失之间，所以说“量敌”是最关键的问题。

太极拳之所谓问答，即问其动静，目的是听其动之方向与重心，即侦察敌情之意。所谓量敌，即在彼我尚未进行攻击之前，应以静待动，毫无成见，彼不动我不动，彼微动我先动。敌我相交，一动之间，即知其虚实而应付之。但是，不要犯双重之病。

何谓双重？双重就是虚实不分的意思。双重有单方与双方之分，有两手与两脚之分。太极拳经云：“偏沉则随，双重则滞。”又云：“每见数年纯功不能运化者，率皆自为人制，双重之病未悟耳。”所以说双重之病是很难自悟自觉的，除非懂得了虚实变化的道理之后，才能避免双重之病。反之，则被人所制。双重之病在太极拳中最忌犯，假如对这点没有充分地认识和了解，决不会练到高深的程度。许多人练了很长时间没有进步或不能运化，都是由于犯了双重之病的缘故。

两脚不分虚实同时用力着地，使身体的重量分布于两脚上时，即叫作双重。反之，两脚同样用力，但全身的重量却完全集中于一脚之上，而另一脚的用力和躯干的用力相平衡，适合于力学上的支点的定律便不是双重，这是对双重的一般解释。不过，一般学习者对于非双重的姿势，常常都很糊涂，每以为虚脚无须用力，特别是不知虚脚用力才合于力学上作用力点和反作用力点相平衡，而使身体的重心才能达到稳定。不过虚脚的力量要用在空处，不可使它着地（即指的是趁劲，这也就是秤砣秤杆之劲）。假如虚脚有力地搁置地上，则身体必成散乱的现象，重心也必致偏倚。王宗岳的《太极拳论》中说道，“偏沉则随”，即指双脚无力而言，与双重属毛病的一种。所以说，“虚非全然无力，实非全然站煞”，内中要贯注精神，即上提之意。学习者对于这一点如不能认识清楚，则既已犯双重之病，又犯了偏沉之病，顾此失彼仍有缺点。

根据此理，双重之病好像不难理解，怎么会花费多年功夫尚未领悟呢？原来以上是简单的说法。其实双重是一种现象，并不是固定的形态，是讲全身的任何一部分在任何时间不发生呆滞的现象，也就是要保持有高度的灵活性。尤其在推手时，之所以会被人打击或身体的一部分会被人打着，其原因都是由于犯了双重之病。

三、如何练习太极推手

（一）练感觉灵敏度

俗称听劲，听不是用耳朵听，也不是用眼睛看，是通过皮肤的感觉探明对方的发力。它与长拳不同，长拳是用眼看准对方的空隙出击，而太极拳是通过两手出去边侦察边进攻，或边侦察边退守，通过手、腕、肘、肩及身体各部位的感觉，对方一碰就知道他想进攻，对方哪里是虚的哪里是实的。练就这种灵敏性，过去叫“揉四手”。太极拳的特点是以柔克刚，太极拳的战略原则是以静制动，以柔克刚，无中生有，有若无，实若虚，逆来顺受，不丢不顶。就像一个轴心，对方一动手就是辐条，而你就是轮轴的轴心，对方是外轮。牵动四两拨千斤，怎么练牵动，就是不让你用力。王宗岳《拳经》云：“察四两拨千斤，显非力胜。”这里说得很清楚了，不是用力，那用什么呢？用“气”，用内气。因为太极拳的基本要求是内外相合，上下相随，一动无有不动。因此，我们要求推手时全身都要放松，特别是两只手和两臂，思想也要放松。

我们的口诀是：“两臂轻灵似门帘，内气跟随要走严，彼若进攻坠深渊，彼若后撤丈外翻。”

（二）练随遇平衡

打拳是练运动中自身的个人平衡与大自然的平衡；推手要练随遇平衡，在对方的各种逼迫下要保持平衡。

怎样保持平衡？就是要做圆的运动，要像一只圆球在运动。如果对方推着你了，就证明你已经不是圆了。你自己破坏了这个圆，王宗岳说：“凹凸、缺陷、断续都是病。”说的就是这个道理。我们不练上空下实，不练入地三尺，我们先是练松，后练到空。如练站桩下身吃力，上身要松开，肩、肘、腕都要松开，练到站得时间长了，脚底下站空了，好像人飘起来了，就灵活了。我们得练得像个气球，对方一伸手我们就躲开了，所以要练动平衡。太极拳的战略原则是以静制动；战术原则是彼不动，己不动；彼微动，己先动。先动不是先动手，而是先动意，意念在先。

我们的口诀是：“形体圆球转，周身是弧线，内气后支援，碰上如触电。”

1. 练粘黏劲

我们的口诀是：“粘黏连随劲更神，内外相合似车轮，只要对方被粘住，轻轻一动掷丈寻。”

推手中，掤、捋、挤、按为阳劲，看得见的。而粘、黏、连、随是属于阴劲，看不见的劲。过去说，“有阳无阴是硬手，一阴九阳跟头棍，二阴八阳是病手，唯有五阴并五阳，阴阳无偏显妙手”。推手也如此，如果只有阳劲那不成，所以要练粘、连、黏、随劲。练完粘、连、黏、随再往下练。

2. 练双人单手平圆（图 7–1、图 7–2）

图 7–1

图 7–2

3. 练双人单手立圆（图 7–3—图 7–6）

图 7–3

图 7–4

图 7–5

图 7–6

4. 四正推手法单人练习（掤—图 7–7、捋—图 7–8、挤 – 图 7–9、按 – 图 7–10）

图 7–7

图 7–8

图 7–9

图 7–10

5. 双人四正推手练习（图 7–11—图 7–20）

图 7–11

图 7–12

图 7–13

图 7–14

图 7–15

图 7–16

图 7–17

图 7–18

图 7–19

图 7–20

只要这样循序渐进地练习，进步很快。把粘黏连随劲练好了，在推手中就占主动了。双人四正推手是基本功，又叫定步推手，就是后脚不能动，也不许使劲。在这种条件下怎么能够把对方的重心破坏呢？就像在独木桥上，对方要过我也要过，你回我也回。

在双方推手时，要随时去寻找对方的漏洞，运用掤、捋、挤、按四种技法破坏对方的平衡，攻击对手的漏洞，要有将对方罩住的意识。可以讲四正推手，其形如两张网，一张网罩住对手，达到控制对手的目的；另一张网罩住自己，达到让对方攻不进来的目的。

活步（大捋）就是太极拳的用法。大捋推手，在方位上，是以西北、西南、东北、东南四个隅角求四正。在手法上以採、挒、肘和靠四种劲法为主，要求动作灵活、紧凑。此四种劲法，也各有其劲源。希望习练者特别注意（图 7–21—图 7–26）。

图 7–21

图 7–22

图 7–23

图 7–24

图 7–25

图 7–26

丢、顶是在进攻中常见的病；扁、抗是在退化中常见的病，上下一条线全凭左右转，一扁就转不了啦。一难受就要反抗的是抗病。特别是身体强的不能用劲，身体弱的使点劲关系不大，因为僵不了。四正推手练熟之后，手上的顶、扁、丢、抗的病就好了。

（三）练川字步

川字步有文章。川字步下有五点（图 7–27）：

第一点是后脚跟的内侧（①）；

第二点是后脚尖的内侧（②）；

第三点是在两脚之间（③）；

第四点是前脚跟的内侧（④）；

第五点是前脚尖的内侧（⑤）。

图 7–27

我们站立时重心不是放在第四点上就是第二点上，不会放在第一点或第五点的外面，最多是在一二或四五之间。若是到一点后面就全虚了，虚不是全虚，阴不是全阴，阳不是全阳，“孤阴不生，独阳不长”。从太极图可以看出，阴中有一点阳，阳中有一点阴，叫阳中有阴、阴中有阳，阴阳互根，阴阳中又有阴阳。尾椎骨要对着第四点与第一点之间。

四、太极拳对身法的要求

松肩沉肘、含胸拔背、裹裆溜臀、松腰抽胯、顶头悬。推手发力的特点是根松催——中通顺——梢发透。所以每个环节都要通，不松就通不了。劲不管从哪儿出，如果从腰上发劲到肩，肩不松，脚上、腰上、胯上的劲都不能反映到手上来。如我们做起势，对方攒着我们两个手腕子，我们找他攒着的手哪儿有虚点，用腕子一找他的虚点，这个人就起来了。我们永远要避实就虚，这是太极拳的特点，肩上不松时就没有什么作用。肩是上身的根（肘为中，手为梢）。下肢也一样。胯是根，膝为中，足为梢。全身胯以下是根节，肩到胯是中节，肩以上是梢节。全身要有根、中、梢。全身应具五张弓。两胳膊两张弓，两腿两张弓，整个身体一张弓；弓的一头先硬了就起不到弓的作用，没有弓力。肩越放松不使劲，劲到手上就越快。

松肩。怎样松肩？一想肩井穴放松，肩就松了。

沉肘。不管手抬多高总想着曲池穴往外裹着。不沉肘，气到不了手，这叫肩松气到肘，肘沉气到手，手心一空气到手指，跟哪沉哪。跟哪合着？跟对侧的膝合着。这时一想发劲，手不动就有很大劲，这是膝劲和肘劲合在一块了，这就叫上下相随。

含胸。想着两个乳头好像有两条线似的往下沉；沉到肚脐（注意下沉不要超过肚脐），胸便自含。不要挺胸，挺胸气就憋着了，但也不要故意往里收，挺胸就把腰扎死了，不能把腰扎死，老这么收敛着，特别是在发按劲的时候，胸往里一沉，收一个韭菜叶的宽度，对方的劲就没了，就不起作用了，微微一收就把他的挤劲化了。不过不要含得很大，不要过了头。

拔背。拔背也不是往上拔。背是指大椎下一巴掌大小的地方。只要感觉这地方跟后衣有点贴上了就可以了。拔背是为了发放全身的整劲，全身是一张弓，为了发放腰劲，必须拔背。

裹裆。我们为什么不讲提肛，是因为提肛就把劲给提上来了，这是违反太极原则的。我们是要把两个膝盖往外稍微撇一点，再往里，对正大脚趾尖，肛门就自动上提。裹裆的目的是大腿外侧往里裹着，让劲往里合。

溜臀。长拳要求凸臀，而我们太极拳则不同，溜臀叫尾闾中正神贯顶，尾闾就像钟锤一样坠着，不能插死。

松腰。太极拳要求以身变手，最主要的是腰变手。说双重最重要是腰的双重。腰活，全身才活，开始打拳就练松腰，上与手合上，下与脚合上。拳之中松腰腹接两头，接两头都得体会出腰劲来。松腰的窍门就是松腰必先松腹。“不得机不得势腰腿求之”是说腰不合适动腿，腿不合适动腰。练腰开始前后转，还可以上下动，练的是肾脏外的两块肌肉。先求开展后求紧凑，发力实际上就是松腰而不是用力。关节拔开后意到气到，打腰劲叫连而不接，我发腰劲是松通的，能发到对方的身上叫根松催，而对方攻我时是断着的。到不了腰，如接点不接面，接面两不便，偶遇面接面，及时松开变。当想腰往下松，用手指一指对方腰就到手上。腰还要和脚合上，把腰送到脚上。这些都是推手的原则，指导着推手的变化。

抽胯。摆莲腿抽胯才稳，手脚合得上。上步抽着胯，步才合适。迈步，蹬腿都要抽胯才稳，身体的进退活动量最大。

顶头悬。顶头悬精神才能提得起，眼睛该看哪儿就看哪儿，不能仰脖，喉头是个致命点，要收下腭但不能挺脖子，过去说就像头上顶着一碗水。

往复须有折叠，进退须有转换。往复须有折叠是指上肢，不管是进是退都不能直来直去，必须走弧线。

进退须有转换是指下肢，转换就是虚实的转换，虚实的转换要清楚，不要转到一至五点之外。

五、太极拳的基础八要

“中正安舒，轻灵圆活。”

中。指中气。推手就是打中气，就在一呼一吸中间，在他将吸未吸或将呼未呼时才发他。在对方呼的时候拿他，在对方吸的时候发他，自己练的时候中气要通顺不要憋气。

正。指内外都要正，外开内不开，外转内不转都不行，跟钟一样，外面转里面也转，而且要正。

安。指安全。自己的中心与重心在对方的攻击圈之外。

舒。指舒适、舒展。与对方接手，要保持自己周身上下都舒适，呼吸顺畅，要有得意的感觉。

轻。动作要轻，进攻时要轻，防守时也要轻，思想意念就要轻。我们勿往对方身上用力，也不要抓攥人家，但也不能给对方做支撑点，就是既不用力也不分担对方的力。

灵。指所有的皮肤和肢体都要灵敏，对方想推我，我不但知道他想推我，还知道他从哪儿发的劲。

圆。太极拳的根本要求。太极拳就是圆运动。意念是个圆，一动就是个圆圈，一处总有一处圆，处处总此一个圆，就是一个圆球，立体剖析像个滚珠架子。歌云：形体圆球转，周身是弧线，内气做后援，碰上如触电。

活。发劲要活，什么时候想发劲什么时候发劲，从外表上看不出来，说哪儿发劲哪儿就发劲，劲从各处走，身体活，腰活，上下一条线全凭左右转，从头顶到尾骶骨始终保持垂直；在被迫不垂直的情况下，意念上仍要保持垂直，而且是活的。

两人对面站立，两脚并齐，都出右手（或都出左手），腕子搭上后扣着（手背和手背），屈膝蹲身，都出右步（或都出左步），对方把手翻过来向我左胸前推，我不要有反抗，他按这里，我也按，可是不要丢了。然后转腰把手往右肩侧捋，把手翻过来贴就叫拿。他若使劲的话，就给拿起来了。然后翻手向他身上推，他也那样转腰，另一只手在下面，扶着小腹也可以，在下面沉着也可以，手不要顶，要训练敏感，尽量弓步、坐步，攻的时候意念也跟着攻，撤的时候意念也跟着撤，训练腕子的敏感度、灵敏度，对方使劲按着也按不住，腰一转就过来了。

六、太极拳八卦五行要义

（一）太极拳基础理论

要想明白太极拳理论，首先应研究阴阳学说，阴阳学说的内容是解释阴阳的相互关系、运动变化的基本规律，即阴阳对立论、阴阳互根论、阴阳消长论和阴阳转化论。《太极拳势图解·太极拳之意义》中有关于太极拳阴阳哲理的阐述："太极者，形而上之学也。法易中阴阳动静之理。而运动作势纯任自然。无中生有，所谓无极而太极也。至其运用灵活，如环无端，莫知所止。则所谓太极无极也。势势之中，着着之内，均含一圆形，故借太极之理以说明之。而以阴阳动静刚柔等喻其作用焉。"又如《拳谱》中说，"太极本无法，动即是法"，这应该是武术运动的普遍真理。就太极拳来说，因太极之初廓然而无象，动则分阴阳，阴阳即太极。每动有每一动的阴阳瞬间，每处有每一处的阴阳变换，无一违背阴阳之理。所以，太极拳在体用或演练中，要时刻想着阴阳，每动必须循阴阳之理，否则枉费功夫。

古人云："阴阳者，天地之道也，万物之纲纪。"天下万事万物，都要依阴阳而变，循阴阳而动。阴阳即太极。太极拳同其他武术一样，它的招招式式都必须循阴阳之理，或者说要遵循阴阳变化规律。例如，从整体上说，手是阴，脚是阳，阴是虚，阳是实，但虚不是全虚，尚留一分阳气。阳也不是全然无阴，也要留一分阴气。即两脚之间分阴阳，不是断然而至，而是在渐变中转换，保持一阴一阳，阴阳相济，对称平衡。所以王宗岳在《太极拳论》中说："偏沉则随，双重则滞。欲避此病，须知阴阳。黏即是走，走即是黏，阴不离阳，阳不离阴，阴阳相济，方为懂劲。”在《拳谱·陈鑫篇》中有，“所谓动则生阳，静则生阴，一动一静互为其根，是所谓阳中有阴，阴中有阳，此即太极拳之本”。《太极阴阳颠倒解》中说：“明此阴阳颠倒之理，则可与言道；知道不可须臾离，则可与言人；能以人弘道，知道不远人，则可与言天地同体。上天、下地、人在其中矣！”其言也即强调打拳治事先懂阴阳，阴阳颠倒，阴阳相济之后才能论道。

（二）太极拳八卦要义

从张三丰承传下来的太极拳十三势，它不是十三种姿势，而是十三种方法。挪、捋、挤、按、採、挒、肘、靠八个字即八种手法。这八种手法与文王八卦方位图有严格的四正四隅合成对应关系。太极拳属内家拳法，着重阴阳变化之理，因此八卦方位与人体对应各有其窍，而每窍在人体经络脏腑中又各有其位。要求在练功中，以意引气，按窍运身，意到气到，气到劲到。这就是内功要义的根本所在。实践证明，太极拳久练得道者，不但在技击中可出奇效，而且在保健上也会起到祛病延年的效果。

为了使太极拳练者掌握八法要义，以下对八法所属经络窍位与八卦的对应关系做详细介绍。

(1) 挪。在八卦中是坎中满（☵）。方位正北，五行中属水，人体对应窍位是会阴，此穴属肾经，拳谱歌诀：“挪劲意何解，如水浮舟行。先实丹田气，次要顶头悬。全身弹簧力，开合一定间。任它千斤力，漂浮也不难。”所以说挪劲是一个浮劲，使对方漂浮，就像让对方上了船，他有多大的劲也使不

图 7–28

图 7–29

出来。注意手上必须没有劲，是松软的，不给对方做支撑点对方才能漂起来，发劲时想会阴与前胯一合就可以了，劲就打着圆圈出去了。手上没有劲，掤劲才似水，有劲就是个棍子（图 7–28、图 7–29）。

(2) 捋。在八卦中是离中虚（☲）。方位正南，五行中属火，人体对应窍位是祖窍穴，此穴属心经。拳谱歌诀：“捋劲意何解，引导使之前。顺其来势力，轻灵不丢顶。引之使延长，力尽自然空。重心自维持，莫被他人乘。”火能化万物，对方来的刚劲推你，你把祖窍穴一收，用右手食指肚摸自己的左眉梢到眉攒，然后翻过来右眼眉攒到眉梢，用眼神（天目）追着它，对方就起来了。注意必须对路：发劲时用祖窍穴与肩井穴合出捋劲（图 7–30、图 7–31)。

图 7–30

图 7–31

(3) 挤。在八卦中是震仰盂（☳）。方位正东，五行中属木，人体对应窍位是夹脊穴，此穴属肝经。“挤劲意何解，用时有两方。直接单纯意，迎合一动中。间接反应力，如球碰壁还。又如钱投鼓，跃然声铿然。”夹脊

图 7–32

图 7–33

往前脚涌泉穴上一合，手上不要用劲，发劲如钱投鼓，又如球碰壁还，不发长老之劲，发劲原则是薄、顺、短、脆、远。夹脊，后手合到前脚上就是个大圆圈（图 7–32、图 7–33）。

(4) 按。在八卦中是兑上缺（ ☱ ）。方位是正西，五行中属金，人体对应窍位是膻中穴，此穴属肺经。“按劲意何解，运用如水行。柔中已寓刚，急流势难当。迂高则澎满，逢湟向下潜。波浪有起浮，有孔必钻入。”使按劲时就想着膻中穴，等着对方挤着你时，往回收一韭菜叶距离，就可把对方之力化解了。如果两只手将前手大指对着膻中穴用视线找两点的中间点，找一个三角形，这就是按。收胸不能收大了，只收一韭菜叶距离，收大属于整

图 7–34

图 7–35

个后退（势如兵败如山倒），进攻也不能整个地进，不能全力以赴，这都是忌讳（图 7–34、图 7–35）。

(5) 採（胯与脚合）。在八卦中是乾三连（ ☰ ）。方位属西北，五行中属金，人体对应窍位是性宫（左乳房内上角）和肺俞（脊椎骨两侧）两穴，该穴属大肠经。“採劲意何解，如权之引衡。任尔力巨细，权后知轻重。转移只四两，千斤亦可称。若问理何在，杠杆作用存。”採劲要轻灵，好像採摘花朵或果实，使用劲时要特别注意技巧。如对方进攻时，用左手或右手执对方手腕或肘部，往下沉。其效用与捋略同。欲使对方前倾时，而乘机使其重心向前。採非用手，手採则功力小，须用劲源与腰腿劲相合，加以意气。採如得势，能使对方头晕目眩，由脚跟全身垛起，跟起即可发之。採人不可同时两边，可使对方重心偏于一侧，否则反被其借劲而稳定重心。採时手轻而意念要重，方能有效。採时宜己身中正，沉腰坐腿，含胸拔背，沉肩垂肘，

图 7–36

图 7–37

气沉丹田，眼神下视。《太极拳经》所云："仰之则弥高，俯之则弥深。"即此谓也。太极拳架中，海底针一式，即为採之用法。海底针后连以扇通背，即採后随发之意（图 7–36、图 7–37）。

(6) 挒。在八卦中是坤六断（ ☷ ）。方位西南，五行中属土，人体对应窍位是丹田穴，此穴属脾经。拳谱歌诀："挒劲意何解，旋转如车轮。投物于其上，脱然掷丈寻。急流成漩涡，搂浪若螺纹。落叶坠其上，倏儿便沉沦。"中极不离土，挒劲分为上挒和下挒。分者为上挒，后脚一蹬就出上挒，手脚交叉相合为下挒。

图 7–38

图 7–39

挒劲在太极拳中不甚应用，故知者甚少。不如掤、捋、挤、按、採、靠等劲为大家所熟悉。然此劲实甚重要，学习者不可不知。譬如自己在前倾后仰势背之际，欲使转顺，即须运用此劲。挒劲用于捋或採之后，用法是一手按住对方之臂，另一手用手臂放于对方腋下或胸颈部反挒之，使对方后仰倾跌。如自己被对方用野马分鬃，至背势后仰之时，即可用挒劲转背为顺，反借其势，使之后仰。挒又分横挒、採挒等法，也有叫上挒、下挒者，但均应用劲源配合腰腿之劲，而不是用手劲。用此劲应注意与对方之距离，不可过远，远则无效。故当用身法、步法，使之靠近，方能有效（图 7–38、图 7–39）。

(7) 肘。在八卦中是艮覆碗（ ☶ ）。方位东北，五行中属土，人体对应窍位是肩井穴，此穴属胃经。拳谱歌诀 ：“肘劲意何解，方法有五行。阴阳分上下，虚实宜分清。连环势莫当，开花肘更凶。六劲融通后，用途始无穷。”往前打是手找肩，往后打是肩找手。肘劲是通过劳宫穴与劲源肩井穴相合而产生。左臂打肘劲时，意想左手劳宫穴先找右肩井穴，立即滑向左肩井穴，肘劲也即产生。右臂打肘劲时，意想右手劳宫穴先找左肩井穴，立即滑向右肩井穴，肘劲也即产生。手之攻击对方包括指、掌、拳、腕，应有合适的距离。太远易犯手未到而劲已断之病；过近则势闭而不能发。故欲弥补此缺点，在距离过近、用手不得势时唯有用肘劲以助之。手前足前为人之第一道防线，肘前膝前为人之第二道防线，较手为近。近距离发之得势，较手为猛，可直攻击对方心口窝或软肋，是为毒手。发时与膝相合，加以意气。身体正直，虚灵顶劲，含胸拔背，沉肩垂肘，尾闾收住，眼神注视对方。捋中用肘，含于被对方用捋之时，以肘还击之。推手中用肘，含于分开对方手之时，一手执对方之手，一手用肘击其胸口。此劲虽属凶猛，如用不得法，反为对方借势，故用时不可不注意之（图 7–40、图 7–41）。

图 7–40

图 7–41

(8) 靠：在八卦中是巽下断（ ☴ ）。方位东南，五行中属木，人体对应窍位是玉枕穴，此穴属胆经。拳谱歌诀 ：“靠劲意何解，其法分肩背。斜飞势用肩，肩中还有背。一旦机可乘，轰然如捣碓。仔细维中心，失中徒无功。”胯找肩是肩靠，肩找胯是背靠。靠劲，乃以肩或背靠对方之胸口，其劲又较肘劲更厉害，用于己身与对方距离更近之处，助肘之被闭而不能发劲时。靠时己身中正，肩与胯合。靠劲分肩靠与背靠两种，它的内劲由两穴相冲所产生，如重心在右脚，左环跳穴找右肩井穴为肩靠，右环跳穴找左肩井穴为背靠。重心在左脚时，右环跳穴找左肩井穴为肩靠，左环跳穴找右肩井穴为背靠。不可以用肩硬撞对方，须在己身与对方皮肤稍相接触之际，以肩胯合劲，加之意气靠之，或上或下，随机而行。至于自己之身法步法，尤应注意。顺步前脚须插入对方之裆内，成丁字形，否则不能得势。靠在大捋中，用之最多。唯靠时应虚灵顶劲，含胸拔背，尾闾中正，眼神注视前方。此处更须防护自己面部及所靠之臂。不然一有疏忽，则易被人击面，或有撅臂之虑。故靠时另一手须护于靠之手臂肘弯处，以防不测。能发靠劲但体弱劲小者，亦可攻击力强之人，因靠劲较手劲、肘劲更大（图 7–42）。

图 7–42

上述八字的卦、位、体三者的对应关系（图 7–43）。

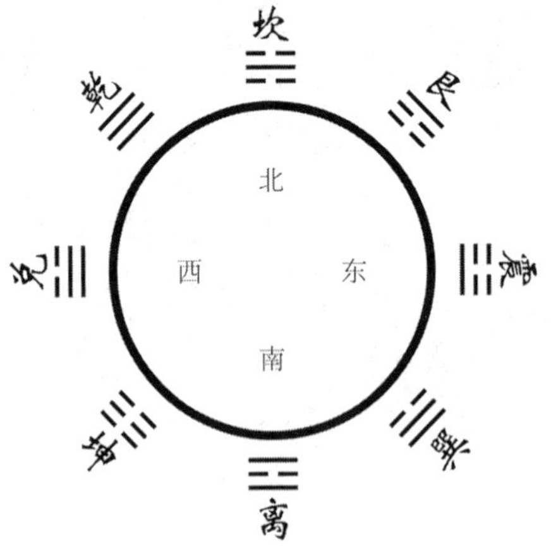

八卦八法图

图 7–43

歌诀曰：“四正四隅卦八方，人体八卦应窍象；动为八卦威名扬，静为八卦真气藏。”

从图中可见，太极拳之运行八门，是阴阳颠倒之理，周而复始，随其所行。总之，四正四隅之手不可不知。其中，掤、捋、挤、按为四正之手，採、挒、肘、靠为四隅之手。合隅、正之手，得门、位之卦。

四正以手为主，四隅以脚为主。当对方用猛劲，挒劲很实用，不管哪儿挨着对方，只要手与脚合出下挒。

（三）太极拳五行要义

五行，即进步、退步、左顾、右盼、中定。其中进退为水火之步，进为水，退为火；顾盼为金木之步，顾为木，盼为金；中定为枢机之轴，为中央戊己土。

太极五步为太极十三势中的五种步法，这五种步法对应着人体经络脏腑的有关窍位，同时也与五行对应，即金、木、水、火、土。现将其对应关系分述如下（图 7–44）。

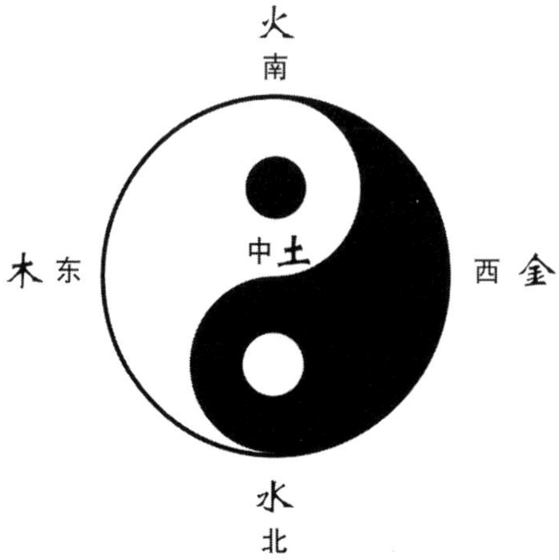

图 7–44

(1) 进步。在五行中属水，方位正北。人体对应窍位是会阴穴，此穴属肾经。此劲的劲源在会阴穴。如欲前进，只要意在会阴穴，眼神向前上方看，身体自然前进。从外表看，此劲只表现在步法上，蕴于内者，为黏劲。黏劲主前进。

(2) 退步。在五行中属火，火能化万物，方位正南。人体对应窍位为印堂穴，此穴属心经。劲源在印堂穴。如欲后退，只要意想印堂穴，眼神向前下方看，身体便会下退。从外形上看，只表现在外形上，蕴于内者，为连劲，此劲以退为进之法，进则要有黏，退则要有连，其妙无穷焉。

(3) 左顾。在五行中属木，木属直性，方位正东。人体对应窍位为夹脊穴，此穴属肝经。劲源在夹脊。如欲侧转前进，只要意想夹脊穴往实脚涌泉穴上落，身体便会自然地侧旋着前进。不丢不顶，彼进我退，彼退我进，彼浮我沉，彼沉我松，丢之不开，离之不开。

(4) 右盼。在五行中属金，方位正西。人体对应窍位是膻中穴，此穴属肺经。劲源在膻中穴。如欲侧转后退，只要右手抬至与乳平，即以拇指与膻中穴相平，同时左手抬至肚脐与心窝之间，而左右两手心均向下，意想膻中穴微收，眼神顺左手食指往下看，身体便会自然侧转后退。左右亦然。从外表看，表现在步法上，蕴于内者，即随劲。随劲即缓急相随，不即不离，进退相依，不先不后，舍己从人。

(5) 中定。在五行中属土，方位正中。人体对应窍位是丹田穴，此穴属脾经。劲源在丹田。如欲立稳重心，只要意想丹田穴或命门和肚脐，立刻会身稳如山。从外表看，表现在步法上，蕴于内者，即不丢不顶劲。不丢不顶劲要练于内、形于外，只有内外相合才能灵活奏效。

歌诀云："中定不离位，含胸把腰松，沉好丹田气，顶天立地松。"

综上所述，太极拳以太极阴阳哲理和八卦五行之理，为其指导思想及理论基础，并亦步亦趋地落实太极拳的拳理拳法，默识揣摩，心领神会之潜心研究和修炼，方能悟出太极真功，功至化境，功成名就。

练太极拳最为根本的是求懂劲。欲要懂劲，必先明阴阳变化之理，依据阴阳哲理中的阴阳对立规律，阴阳互根规律，阴阳消长规律，阴阳转化规律。也即阴不离阳，阳不离阴，阴阳颠倒，阴阳相依方能懂劲。其中特别要强调的是阴阳颠倒之理，是修炼武功的理论基石。所谓阴阳颠倒之理，即调坎填离之理。如水火二字若火炎上，水润下者，能使火在下，水在上，则为颠倒，然非有法治之则不能获得。如水入鼎内而治火之上，鼎中之水得以燃之，不但水不能下润，籍火气水必有温时，火随炎上得鼎以隔之，是为有极之地，不使炎上，炎火之止息，亦不使润下之水能渗漏，此所谓"水火既济"之理，也就是阴阳颠倒之理。否则，若使火、水任其发展，则"火水未济"将是另番景象。可见，明此阴阳颠倒之理后，方可言道；知道不可须臾离之，则可与言人；能以人弘道，知道不远人，则可与言天地同体。上天下地人在其中，苟能参天察地与日月合明，与五岳四渎华朽，分四时之差错，行与草木异枯荣，明鬼神之吉凶，知人事之兴衰，则可言乾坤为一大天地，人为一小天地。比如人之身临其境心，致之格物于地之知能，则可言人之良知。良能若思，不失固有，功能浩然。正气直养而无害，反本还原，悠久而无疆。所谓人身生成一天地者，天也，地也，命也，人也，虚灵也，神明也。若不明此理，拟觑天地是不可能的，然非尽性立命，穷神运化，是不易达到高深境界的。总之，太极拳练习总则可概括为：头顶太极，怀揣八卦，脚踏五行。

附：太极五步五行图（图 7−45）。

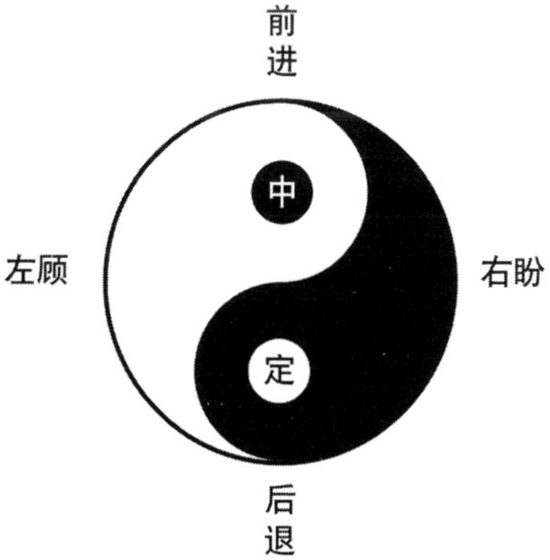

图 7−45

七、太极推手中应用的几种力

（一）三角力

三角力在推手里最简单，也比较好使，可是必须有一个全身松的基础，如果没有全身松的基础，它就不好使了。只要两人一搭手就有无数个三角。因为两人一搭手就是一个太极，形成一个阴阳，任意加上一条线就形成许多

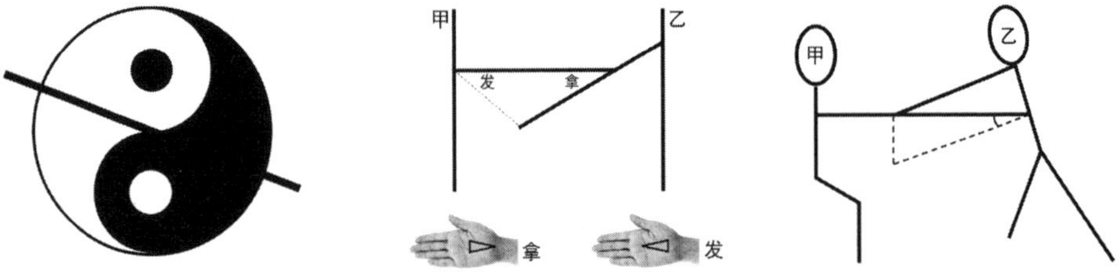

图 7–46

个三角形（图 7–46）。如果一用力它就变形，就不是原来的三角了。例如，甲用力攻乙，乙用手扶在甲的臂上，这时就产生一个内角，我们的力点必须放到内角上，放外角上不起作用。力必须从内角的对应边上发出。三角有实三角和虚三角。起势的动作就是虚三角，但是不管形成什么三角，都需要用角的对应边起作用往前推动，才能起作用。虚三角很多，用虚三角打对方的

图 7–47

图 7–48

图 7–49

图 7–50

肩、胯、脚都可以，只要在他的活关节上打就起作用。练熟以后，还可以形成意念三角。如对方一碰我手，我一想手里有一个三角，角朝自己，于是对应边往回一收，就起一个拿的作用。一想有一个三角角朝着对方，于是对应边在自己这边，往前一送就是发。但胳膊必须放松，手只要搭上就是用对应边往内三角推。练的时候，相互助着点，不要他一推你就跑，等熟练了他就跑不了啦（图 7–47—图 7–49）。

关于三角力的问题，试举下例。使用电钻时，应手握钻柄，沿斜线把力传到钻头，钻头才会破墙而入。这里，手对钻头施加的力就是“三角力”，如图 7–50 所示，三角力是通过钻的三角架传到钻头上的。人的骨骼肢体也会构成像电钻那样的三角架，也会把力从一个部位传到另一个部位。人的肢体越僵硬，传力效果越好。在对抗运动中，人的肌肉作用使机体骨骼构成的三角架虽不是持久的，但在某一瞬间，不经意的用力、紧张或有意识的发力等因素，会使人的三角架结实而富有弹性。这时若抓住机会，给对方施加一个“三角力”，就可把力由近及远地迅速传到远离着力点的其他部位上去。“三角力”说起来简单，用起来却难。因为人体骨架是千变万化的，不会停在那里等你慢慢摸索、研究，使用三角力要在转瞬之间探知人体三角架是否能传力，向什么方向可传力，这样才能按准确的时间和方向发出三角力并传送到远处。若发力的时间和方向失之毫厘，“三角力”的收效就会谬以千里。

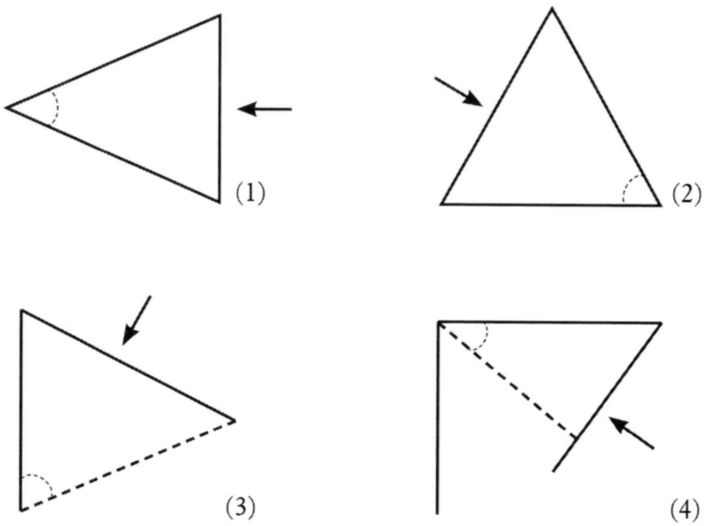

图 7–51

发挥“三角力”的威力，要有问劲、听劲、发劲的深厚功底，才能正确地判断、迅速反应使劲不落空。“三角力”效果之所以神奇，原因有以下两点(图7–51)：①三角力一般作用于对方肢体上，特别是上肢，它的高度、距离都是我方发力的最佳位置，即发力的黄金地带，发力效果好。②对方一般只注意接触部位，而“三角力”是借接触点把力传送到其他非接触部位，并且方向变幻莫测，完全出乎意料。神鬼莫测的“三角力”将使对方无法防御。

“三角力”的合理运用非经过长期的锻炼不可。内家拳讲究以意为先，意领气血，意到气到，意气所到骨骼节节相催，由根及梢，由内而外，力虽显于外，而源于内。如小草穿石，实在是以生命活力冲破顽石。这种力具有天然灵性，与人的意念和感知合为一体，轻灵敏捷、奔放自如。可于转瞬之间行百转千回之功，可在立锥之地集体内能量于一线，绵绵不断，往来尽如人意，外感内知，回转总有先知，收发吞吐无不用心意。

练拳时，体态必放松，让气血通畅，心意必平和，使灵台如镜。久而久之，则体态轻灵，善感万物之别，形神一体，能辨毫发之差。这时，借他人躯体为已用而用在他人之身，借他人之力为已用而复还与他人。这是否就是“三角力”的奥妙所在？以上所讲，希共同探讨，不避愚拙，仅供参考。

（二）圆切线力

拳谱说，“上下一条线，全凭左右转”，它是符合力学原理的。让对方的力无法作用于自己的正中，即使作用在正中，因为你的圆是在转动的，一动就走了切线，如同军人头上的钢盔。在推手上切线力作用很大，对方一来，我们只要给他一个切线，他就变成了一个轮子，我们就是轮子的轴心。我们一转，他的力就得变，他若不走就变成整个的轮子。他接受切线力，他

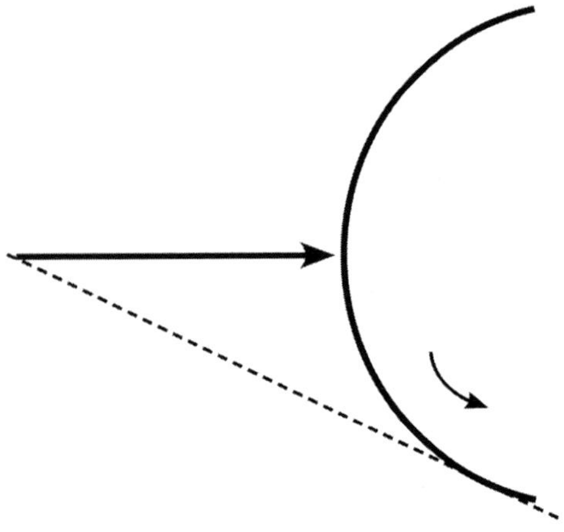

图7–52

的力就滑出去了，不接受切线力就等于上了车，怎么他都不好受。因为自己就像个轴在左右转，对方力加在你身上，你稍微一转他的力就错开了，错开以后他本身就由舒服变成不舒服，这就是我们的化劲（图 7–52）。“人刚我柔谓之走，我顺人背谓之粘”。所谓化即是发，化本身就是发。化和发是一个动作的两种作用。练好圆切线力，能走出圆切线力，证明你练圆了，不是凹凸、缺陷。没有这个病，你圆了以后就不存在受人家攻击，但是这只有大家在练的过程中仔细体会。我们是以静制动，与长拳不同，不是你手来了，把你的手拨出去，再攻击你，而是你把你的力送到我的身上来。这叫：“擎开彼劲借彼力，力到身边劲始蓄，松开我劲勿使屈，放时腰腿任端的。”

圆切线力“上下一条线，全凭左右转”，这个“转”字里面有学问。有的人一转就叫人家逮着了，为什么？就是只有外形转，里面意和气没有转。所以说外形动，里面意和气也得动，实际就是里面的意动（图 7–53 – 图

图 7–53

图 7–54

图 7–55

图 7–56

7–56）。

（1）外转内不转谓之跑，有跑而内不随必倾。

（2）内转外不转谓之藏，有藏而外不出必馁。

（3）外开内不开谓之支，有支而内无援必断。

（4）内开外不开谓之蓄，有蓄而外不显必瘪。

丢顶是进攻时所犯的病，扁抗是后退时所犯的病。接手后，感受到对方来劲，直指其腰问劲，再打其上死点，就比较容易发力。问劲时先问灵活点，灵活点只能问不能打。对方坐步时打他的下死点。

进攻时，一般打中点，问劲一般先问中点再打死点，打着死点他就跑不了。但是有人说为什么打不着？因为一打他也在变，你一打，他一收就变了。所以不要先打死点，要先打活点，当他一有反应，暴露了死点，再打死点。

太极拳的高级阶段，掤、捋、挤、按皆非是。发劲时，对方如球碰壁还。

八、太极拳的力与劲

（一）力

拳谱说："发劲如百炼钢，无坚不摧。"

就是说劲需要练，劲和力不同，拙力是本能，太极要练反本能，克服这种本能。一使用拙力浑身就会处于僵硬状态，要克服这种僵硬状态。太极拳也提出"被打欲跌须雀跃"，开始就要先练这个。被打时需通过往后蹦，一方面锻炼自己腰腿的灵活，同时也是泄劲的过程。必须把作用在身上的劲泄完，否则就有损身体。劲要通过练，就像炼钢一样，练得质量越均匀，密度越大，钢性就越强。我们就把拙力练成了太极劲，就像气球打足气发劲时一压，通过一个气孔冲出去。要练质量，要均匀、柔软，像牛吃草、牛喝水，自始至终边侦察边进攻，这边躲着对方的力，那边一直在进攻，一直到把对方进攻倒了才算终了。太极起势就是这样，对方攥着我的腕子，我就听，看你这里哪里有空虚处，赶快给填上，填严了。不要管他用劲的地方，就找他空虚点，把这一点填上就是发。这就是遇刚就松，遇柔就进，这是太极的原理。

（二）劲

内劲——张开时蓄，松弛时发；外劲——张开时发，松弛时蓄。

凡是配合呼吸发的都是劲，不配合呼吸的都是力。劲都是通过训练后的力。

内劲——在呼气时发力的为内劲；外劲——在吸气时发力的为外劲。

只要是劲，就不能说谁的劲不如谁的劲，因为用处不同，发什么劲也不一样，而实际上内劲也离不开外劲。绝对没有无内劲的外劲或无外劲的内劲，两者相互联系，就看在发劲时是以什么为主，来看是内劲还是外劲。举重、千斤顶、铁砂拳，发劲最后正好顶上，这都是外劲形式的表现。内劲形式，拳谱说："蓄劲如张弓，发劲如放箭。"内功太极拳就是这样，一松就是发，一个好的木匠，在推刨子时就是呼气时发劲。

（三）中气的特点

根据人身体的特点，人体的中气旋转特点为，当人体往右转，中气往右转，它起着蓄劲的作用，而往左转时起着发劲的作用，就像螺钉似的。右转为降，左转为升。我们身上有阴、阳两蹻脉，阴蹻脉从腿的内踝子骨，走身上内侧，都奔头部，回来通过手的内侧；阳蹻脉通过踝子骨的外侧走到手的外侧。这两个脉有一个特点，阴脉是升，阳脉是降。当身体向右转时（为降），就将阳蹻脉充实起来了，表现在身上的外侧，所以对方一伸手，你一接手造成拿，造成合，造成蓄。当中心往左转时（为升），就将阴蹻脉充实起来了，造成发，造成开。

所以我们练气变手，开始不要用力，不用拙力，经过不断的锻炼，再找着劲源，从劲源发出去，浑身哪都别用劲，按照"根松催，中通顺，梢发透"的要求，劲从劲源出来，把它发透了。开始练时用开合来代替，最后练到气变手就不用开合了，一伸手中气往右一转就是拿，中气往左一转就是发，它比身体开合要快，当练到意变手时，就用思想去想一想，意念配合内劲，意比气来得快。"气变手"——当对方推外侧时我则用气冲到内侧。

拳谱说，“用气则滞，无气无力者纯刚”，但无须故意去用气，故意用气会出偏，就像气功一样。打拳不能光用气，包括意念不到跟着气走，跟着气走易出毛病。意念也不能跟着劲走，意念要老是单开一条路线，拿劲引着。打拳一开始调息三次就是调气，气宜鼓荡，神意内敛，开始调息以后就不用管了，就像挂钟扭摆，扭完以后就让它自己走。我们放松就是练意，意到气自然就会到。“察四两拨千斤之句，显非力胜；观耄耋能御众之形，快何能为”。所以练时不要用力，不用力才能练好。

九、各种劲的练法（单人）

（一）进攻劲

（1）掤劲。两脚并齐，右手前伸，掌心向前，大拇指盖对右鼻孔，然后手心翻转向内（以大拇指为轴）。提左手，大拇指对前心口窝和右肘尖，屈膝出步（右步），同时右掌翻转向前，想命门往右胯上合，两手的位置不变，不要用力。做完后，右手心放在右阳陵穴，有将自己端起来的意念，立身，双手提到环跳后放下（图 7–57）。

图 7–57

图 7–58

⑵ 挤劲。做完掤式后，右弓步不变，右手稍有摸左眼眉梢之意，左手掌根放在右手肘弯内，同时上左步，用夹脊推前脚往下落，脚落在两掌之间，右掌挨着对方左掌也是一个支点，两手不要动，不要用力，好像一个地线一个火线挨着，对方便跌出。收势时两手往两侧放下（图 7–58）。

⑶ 肘劲。左手向前指一下，右脚上步插到对方的裆里，右手一拍左肩，

手心找右肩井穴，就是打肘。注意：左手指尖，右脚尖和右肘尖三点在一条线上。左手尖指哪，右肘尖就打哪。肘的收势与掤的收势一样（图7−59）。

图 7−59

(4) 靠劲。我们教的是按大捋教的，开始，掤、挤、肘、靠四个进攻劲，然后四个劲，捋、按、採、挒。捋按採挒是针对的捋劲化掤劲，按劲化挤劲，採劲化肘劲，挒劲化靠劲。四个劲可以单独练习。

靠劲是打完肘之后，两手向前舒展，转身右弓步时往右转身，同时后脚往左摆，叫摆脚。右手腕、肘、肩放松，两手下撑，这时想左肩井找右环跳（或者右环跳找左肩井），环跳找肩井是肩靠，肩井找环跳是背靠。收势时两手摆开，左右慢慢来回摆身子，慢慢直立，就像在水里慢慢露出水面。

四个劲可以单独练习。打掤劲时，大拇指对鼻尖，手心翻转，另一只手上来对心窝和肘尖，弓膝出步对翻掌，收势时前后合着阳陵穴，后脚跟上，两手合着两阳陵穴想给自己抱起来似的，立身，两手摸环跳，然后放下。打挤劲时，右手意思是找自己左眉攒左手掌根搭在右腕内，上步用夹脊推着前脚往下落，收势时将两手分开，后脚跟上来，两手横开放下。打肘的收势与掤的收势相同。掤和挤出步都是正步。挤出去一定脚要在两手中间，肘出去必须肘尖、手尖和脚尖在一条直线上，是一个直穿步，靠是摆。

我们主要练掤、捋、挤、按四个劲。通过推手打轮，先放松，打圆了，粘黏劲走好了，才能不丢不顶，所以顶、扁、丢、抗都是因为粘黏劲没练好。前进时就犯顶，后退时就犯抗，往前跟不上就是丢，后退跟不上就是扁。粘黏劲练好了，对方进攻只要一挨着我们他就不容易再变为第二种劲，变第二种劲很难，因为我们挨着他，他腰就起来了。所以通过打轮把粘黏劲练好，一定要不丢不顶。然后通过打轮练发劲，从轮里发掤、捋、挤、按，现在缺点大都是轮里发不出劲来，不能发挥太极劲。

（二）化劲

1. 捋劲。两脚并立，将左手抬起至眉弓高度，用食指的指肚部引领，像抚摸眉毛一样从右眉梢摸到右眉攒，在眉心处翻掌到左眉梢。翻掌时出步（或撤步）成右弓步；右手随着左手，高度是右手食指尖与左手大拇指尖一样高，两手距离一掌宽。玄关一直对着两手中间，用玄关往回收。收势时将手摆开，并腿往身侧下方顺势收势（图 7–60）。

图 7–60

图 7–61

2. 按劲。在做完捋劲后，假如是撤右步往左后捋，然后再撤左步为坐步，两手往腹下按，不要用力，如同凭栏下望，右手高同肚脐，左手高在腹中，两手在前大腿的两侧距离位置（图 7–61）。

3. 採劲。做完按以后，将两手伸张开，将后脚撤半步，脚尖外撇，膝盖尖对着脚尖，后腿分担七分力，前腿膝盖尖对脚腕，分担三分力，脚尖向前，右手大拇指对着鼻尖，左手放在右肘下掌心向外，这就是破肘劲的。作用是：右手用来拨对方的肘，左手托着他的肘尖，这叫“竖来横走，横来上提”，这叫“招”（图 7–62）。

图 7–62

4. 挒劲。接上动，意想左手心，先朝右脚心底塞入，再向右，将右脚拖拨起来，然后右脚借左手向下按和横拨之劲，则倏地一下提起来并向身之左侧摆起而垂悬不落，左脚单脚去支撑体重。与此同时，左右两手手心均朝下移，到身之右侧，意在左手心，眼神注视右手食指指尖，此为“腾挪捌”；手心朝上，意在脚上，为“上挒”（手与脚合）（图 7–63—图 7–65）。

图 7–63

收势动作：两臂松力，自然下垂，两手手心仍贴在大腿两侧，同时右脚也松力，下落与左脚靠拢并步还原。左右式动作相同，姿势则相反。

图 7–64

图 7–65

（三）折叠式

“上要有折叠，下要有转换”。所谓折叠，是指手进撤要走圆弧，转换是指步的虚实转换。

做法：两人双搭手出步后，一方用手往对方胯方向掖，对方坐身，手走弧线，往前胯外侧撤回，反过来同样往自己后胯方向掖，自己往后坐身，同时往前胯外侧引回。如此往返重复。另一手的练习也是如此。

折叠劲，如长山之蛇，攻其首，尾应；击其尾，首应；攻其中，首尾齐应（手为首，肘为尾）。

断劲，它的意思是断开，断开不等于离开，拳论上讲“劲断意不断”。

断劲必须在粘、连、黏、随的基础上开始，只许在接触点微小距离之间产生断劲。发劲如投石，断时动作的形式要小，故发断劲时要带有击的意思，拍击到对方身上不伤皮肉而要伤内，因为断劲影响对方内气，对方必然有反应，要借对方反应看清来劲的方向，顺其来劲和去向吸引，谓之断引的方法。有时用断劲憋住对方的内气，谓之断截。断劲要断得得机得势，发劲时还必须用身形手势找出对方的缺点而击发之。

断劲还可以与其他劲化合，产生二劲并存而施的效果。与其他劲的化合使用，令断劲发挥更奇妙的效果。下面谈谈几种劲与断劲化合的例子（图7–66—图7–73）。

(1) 断离。在对方的接触点突然一离，但在未离之前，必须用点劲渗入对方体内，突然一离，使对方感觉一空，必然失中，随即用断劲击发，此即“劲断意不断”。

图 7–66

图 7–67

图 7–68

图 7–69

图 7–70

图 7–71

图 7–72

图 7–73

(2) 断吸。当对方发劲攻击我时，根据对方发劲的方向和强度，用意念回吸，把对方来劲全部吸出，注意此吸只是把对方的劲吸到我接触点梢部，或吸在手中，含于掌心，稍稍一断，立刻拍击，此为断吸。

(3) 点断。在与对方搭手时，自己的手要绝对放松，轻扶于对方手或前臂上，用内气通过手指渗透到对方体内，当对方重心有反应时，内气回抽，但手不要离开接触点，对方稍一晃动，应立即通过该点沉击，此为点断。

(4) 移断。对方发劲进攻我时，根据对方劲路方向，用圆切线劲向左或右移开，使彼劲刚一落空，用内气冲领两手，向其两臂或两肩拍击，此为移断。

(5) 断拍。当对方进攻时，两手轻轻用引劲将对方移开，内劲由接触点渗入对方体内，立即抽回，手掌稍一离开彼身，即用冷劲向其身上拍击，要求手不用力，腕部灵活不能僵硬，将内劲由肘通向掌，由掌拍出手外。使用拍劲时，掌不能与肘、腰接死。只有腕部松活，内劲才能由手拍出。拍要拍在对方顶力上，哪里有力就在哪里使用拍劲。对方被拍后，会像皮球那样弹跳起，如果拍一次不能奏效，可连续拍之。此劲凶猛，只许拍击在对方的两手两臂上，绝对不允许拍击对方前胸后背，以免伤害对方。

十、内功太极拳推手要义

内功推手和不练内功不同。不练内功主要练抻腰压腿，要求脚要踢得高，姿势要优美，配以音乐伴奏，它适合表演，容易学会。它在普及太极拳运动方面，起到了极大作用。内功太极拳推手，首先要把内功练好，拳架学会，练上一年腰，再练推手比较合适。此时才能做到太极拳论的要求：“不是手快打手慢，也不是力大胜力小。”凭借手快和力大取胜，那是外家拳。内功拳推手的原则是：“以静制动，牵动四两拨千斤。”因为它以内功支配外形，也就是说四肢运动靠内功支配。例如，自行车和摩托车，自行车的运动，完全靠四肢的运动，力气大，蹬得快，车就跑得快。摩托车也是两个车轮，但它不靠四肢用力，它内部马达产生一种能量，支配着车轮飞快运转。内功太极拳推手，他的四肢用不着乱动，在内功支配下，微微一动即可产生奇效，也即所谓“四两拨千斤”矣。

太极拳推手是知彼之功，同时也可以验证自己打拳是否正确。推手是练随意平衡，也就是说在对方攻击下，自己是否还能保持平衡，你是否能保持太极拳要求的圆运动。如果你不能保持随意平衡，说明你犯了拳论所要求的“勿使有缺陷处，勿使有凹凸处，勿使有断续处”也即犯了缺陷、凹凸、断续之病。我们的口诀是：“形体圆球转，周身是弧线，内气做后援，碰上如触电。”

（一）不丢不顶

丢顶是在进攻中常见的病。扁抗是在后退中常犯的病。上下一条线，全凭左右转，一扁就转不了啦，一难受就要反抗，是犯了抗病。特别是身体强的容易犯，有劲但不能用劲。身体弱的使点劲还关系不大，因为他僵不了。

（二）多练听劲

散手就是太极拳的应用，叫採浪花或乱採花。“内功老六路”八十六式几百个动作，每一动都是用法，就是活步，但这还不够。太极本无法，动就是法。

听劲本来就是权衡。衡量对方哪儿使劲，使多大劲。通过身上的感觉、皮肤的接触感觉到他哪儿用劲，知道他哪儿发劲（后面单讲），斯其根自断。通过感觉“听”出对方是哪儿发劲，我们通过意念断其劲源，这个不难练，主要是手上不能用劲，手上用劲就聋啦。不但手上能“听”，身体各部位都能“听”。

（三）练虚实

虚实要分清，练到最后是，一处自有一处虚实，处处总此一虚实。总此在哪儿？在丹田。

练坯力，推手发力原则：薄、顺、短、脆、远。

坯力——（才能以小力胜大力）当对方攥住自己的手臂，他手攥住处为一圆周 360°，假如他手之握力 360 公斤，则每度只有一公斤，我们可找他的薄弱环节发坯力，微微一动即可将彼击出。

顺力——顺劲力。当对方来了力要把它顺出去，顺到哪儿？顺劲有三。一，顺到他身上；二，或者顺到与他与我都没有关系的地方；三，如果功夫大，也可以顺到自己身上把它卸掉，一般开始练要顺到对方身上。

短——发劲要短、要促，如发弓。

脆——发劲要脆、要冷。

远——发劲时意念要远。发劲时往远看，往上看往上打，往下看对方就往下钻。只要管住对方你不要动，你往地下看，他就往地下栽。这要凭着实践经验和意念。

以上是发劲的秘诀。

（四）人体钟形

揉四手时脚步不动，身形动量只有旋转和开合。所以学推手时，必须先学掌握对方的旋转和开合的内外相合方能懂劲。总之，是要把旋转和开合的内外之劲互助互随方能有用。下面先把问送劲略谈一下。以悬挂之古钟为例，因为钟的中心有一条中心线，下有钟垂可以旋转，钟线可以上下纵伸，因此可代替人的身形，下有钟口即是胯圈，上有钟蒂即是肩圈，中有腰圈。现把垂直线分为五段，即是五点。

(1) 钟内钟垂的垂直线分为五点。部位和名称如下：钟蒂在咽喉下名叫顶点。垂直线正中间之点，也即对方腰圈的中心名为灵活点。顶点和灵活点之中名为上死点。最下一点即钟垂，名为下垂点。灵活点下、下垂点上，名为下死点。古钟图（图7–74）。

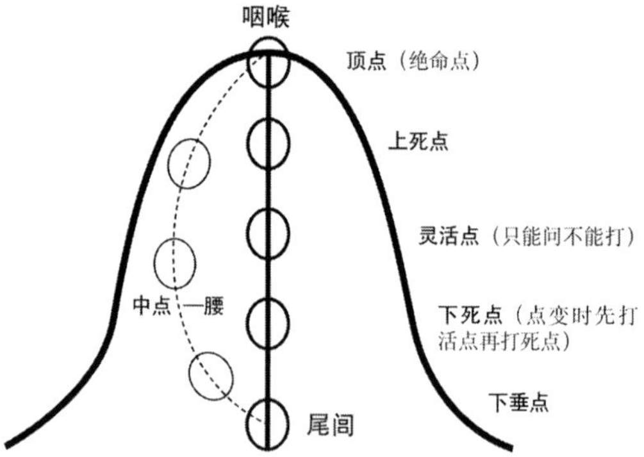

图 7–74

(2) 各点的性质和作用如下。

①钟蒂——点在咽喉下，名叫顶点，又叫“绝命点”。因该点在咽喉下，为点穴之门，位于正中不易摇动。乃技击时看全体变动之准星，也即发劲之目的。

②上死点，该点因受固定位置的影响，动量较滞，所以叫死点，又因在正中间的灵活点上，所以叫上死点（也就是发劲之点）。

③灵活点位于垂直线正中间，此位置最灵活旋转，变化灵活，最难控制，因此在发劲中以该点为问点。发劲时必须把该点问出反应来再击死点。在问时最好用手势（即颤动之意），也就是问劲，无定向方能得意。

④下死点，位于垂直线下部，受到钟垂下坠之重力影响，动转较难，变化不大，所以名为下死点（也就是发劲之点）。

⑤钟垂位于垂直线下端，钟的下口之中，又位于两胯之中，最为重要，它是全身的中心，它一动就影响全身，所以一般练太极拳的又把它作为稳固下盘之用，因此最难练活。若求练活，非有真传不能得也。

(3) 点和点的互相关系和变化如下。

各点都位于一条垂直线上，互相都有连接关系。例如，上死点下是灵活点，下死点上也是灵活点，因此两死点都含有灵活性的一半，一旦被击时，都受到灵活点的影响而变化灵活。假设上死点变化灵活时，顶点就会有停滞，此现象必然，此时必须照顶点击之；若下死点变为灵活时，灵活点就会僵滞，此现象与上相同，此时非照灵活点击之无疑。

(4) 点和点互相有关连，若某点被击时直线必受影响，必然会产生弧形，钟垂上提，此现象必然，经此变化应如何发问？

点和点相连在一条直线上，某个点一旦被击时，而直线必受影响，自然会产生弧形。例如，顶点和下垂点生弧时，两死点位置不动，必须由原垂直线到弧线的最弯度之距离，用弹簧力引出弯度之反应，再照死点而击之。若顶点和上死点产生弧线形时，死点必移于弧线最弯度亦用弹簧力而击之。以下各点和点中产生弧线与上同。

丢顶是进攻时常犯之病，扁抗是后退时常犯之病。对方一来劲，接手后先指对方腰为问劲，再打上死点，对方不易化。问劲时先问灵活点，灵活点只能问不能打。对方坐步时打他的下死点。

进攻时，一般打中点，问劲一般先问中点再打死点，中点上下两点为上死点和下死点，打着死点他就跑不了。但是有人会问为什么打不着？因为你打他也在变，你一打，他一收就变了。所以不要先打死点，要先打灵活点，当他一有反应，暴露了死点，再打死点。

以上所述，均为太极拳初级和中级的理论。太极拳高级阶段，掤、捋、挤、按皆非似。因为太极本无法，动即是法。对方的力刚接触我身，彼阳我即阴，彼阴我即阳，对方如球碰壁还。

所以我们练气变手，开始不要用力，不用拙力，经过不断地锻炼，再找到劲源，从劲源发出去，浑身哪儿都别用劲，按照“根松催，中通顺，梢发透”的要求，劲从劲源出来，把它发透了。开始练时用开合来代替，最后练到气变手就不用开合了。一伸手中气往右一转就是拿，中气往左一转就是发，它比身体开合要快。当练到意变手时，就用思想去想一想，意念配合内劲，意比气来得快。“气变手”——当对方推外侧时，我则用气冲到内侧。

拳谱说：“用气则滞，无气无力者纯刚。”但无需故意去用气，故意用气会出偏，就像气功一样。打拳不能光用气，包括意念不跟着气走，跟着气走易出毛病。但意念也不能跟着劲走，意念老是单开一条路线，拿劲引着。打拳一开始调息三次就是调气，气宜鼓荡，神宜内敛。开始调息以后就不用管了，就像挂钟扭摆，扭完以后就让它自己走，我们放松就是练意，意到气自然就会到。王宗岳《拳经》云：“察四两拨千斤之句，显非力胜。”这说得非常清楚，不是力胜，是什么呢？是内功，是身体内的神、意、气。所以练时不要用力，不用力才能练好。

发劲意何解？“有如敬宾朋，用手轻相扶，所指绝无空。”“双臂轻灵似门帘，粘连黏随紧相连；彼若进攻坠深渊，彼若后撤丈外翻。”

十一、太极推手动作图解

太极推手有定步推手和活步推手两种。又有单人练习法和双人练习法，单搭手法和双搭手法。但无论哪种方法，都要以掤、捋、挤、按、採、挒、肘、靠八法为基础，分成四正、四隅的方向，配合手法循环不息地运动着。

（一）基本手法

学习推手，必须先由单人推手练习，掤、捋、挤、按是太极推手中的四正推手法，即四个正向动作。练习时即以掤、捋、挤、按为主，用意不用力地按规矩进行。练得纯熟以后，便可由双人互相对推，这就进入了学习的新阶段。

图 7–75

(1) 掤。面向南背北站立，右手自右肋旁向前伸举，大拇指遥对鼻尖，掌心向内；两膝松力身体下蹲，右脚向前迈进一步，脚跟着地，脚尖翘起；同时左掌向前伸举，至大拇指贴近右臂弯处，掌心向前。随之，右脚踏平，屈膝略蹲，左腿舒直，形成右弓步式；这时，右掌掌心翻转向前方；眼看右掌食指尖，意在左掌掌心（图 7–75）。

(2) 捋。接上式，右掌以小指引导向右前下方移动至臂有舒直之意，右掌心翻转向上（托着对方的左肘），跟随左掌向左上方正移动至左掌遥对左额角为度，两掌约距离 10 厘米，掌心均向外，指尖均向上。与此同时，左膝松力，往后坐身，体重移于左腿，右腿舒直，脚跟着地，脚尖翘起，形成左坐步式，眼神注视左掌食指尖，意在左掌掌心（图 7–76）。

图 7–76

(3) 挤。接上式，步法不变，右掌以小指引导向下降落，至以肘尖相平时为度，掌心向内，指尖向左。即臂屈成 90°，横平于胸前；同时，左掌向前移动，至腕部贴于右臂弯上边为度，掌心向外，指尖向上；眼神顺左掌上方平远视；重心在右脚，意在脊背（图 7–77）。

图 7–77

(4) 按。接上式，步法不变。眼神从左食指转移到右食指上，重心仍在左腿。同时，两掌距离不变，松肩、沉肘，这时两掌自动地向下降落，向右转动，身子也随两掌边转边落而向右转动，至转向正前方（正南）时，两臂微屈，掌心均向下，横于胸前，左掌与两乳相平，右掌与肚脐相平，眼神仍注视右食指尖，意在膻中穴（图 7–78）。

图 7–78

（二）单搭手法

两人相对站立，右脚各向前迈出一步，脚跟着地，脚尖翘起，右手自右肋旁做一圆弧运动，向前伸举，两人都以坐步姿势，两手腕背相贴，这就是单搭手姿势（图 7–79—图 7–84）。

图 7–79

图 7–80

图 7–81

图 7–82

图 7–83

图 7–84

十二、太极拳论劲

劲与力，在未学推手之时，无从分别。但如已学推手，则不可不了解清楚。常见学习拳术数年之久者，仍不明所以，实属憾事。

须知力，由于骨，陷于肩背，而不能发。劲由于筋能发，且可达于四肢。力为有形，劲则无形。力方而劲圆，力涩而劲畅，力迟而劲速，力散而劲聚，力浮而劲沉，力钝而劲锐，此力与劲不同也。

外家拳之力，有直力、横力、虚力、实力之分，直力显，而横力隐，虚力刚，而实力柔。初学者力直而虚，是真力也。老学者，力横而实，此乃劲也。但劲之中，又分创劲、功劲、搠劲、黏劲等。初学者多创劲、功劲、搠劲。创劲太直，难以起落；功劲太死，难以变化；搠劲太促，难以斩接；要皆强劲露形而不灵。艺高者多为黏巧劲，又灵又捷，不见其形，手到劲发，未中之先无劲，既中之后无劲，唯中肯之倾，疾如闪电，一发便收，敛气凝神，毫不费力。

夫阳劲以刚胜，阴劲以柔胜，如大风刮过，百草皆俱偃。此乃少林拳中之上乘功夫，太极拳亦然。全尚巧劲而不尚拙力。其人呆力大，愈大愈厚，则巧劲愈小愈促。故劲之门类綦繁。例如，粘黏劲、听劲、懂劲、走劲、化劲、借劲、发劲、引劲、提劲、沉劲、拿劲、开劲、合劲、拨劲、搠劲、捋劲、挤劲、按劲、採劲、捌劲、肘劲、靠劲、搓劲、撅劲、卷劲、截劲、钻劲、冷劲、断劲、寸劲、分劲、抖跳劲、折叠劲、擦皮劲。

其中尤以粘黏劲、听劲、懂劲、化劲等数劲，为该拳种之擅长特点。若能将此劲了解，用之于身，则可明了太极拳之奥妙矣。虽云太极拳至大成时，仅尚意而不尚劲。然初学者入室由门，升阶由级，必从修劲入手。盖不知有劲，即不明内气之功，则不知太极拳真意。所谓登高必自卑，行远必自迩。可见用劲实为太极拳之初步纲领。故本篇对于劲之一项，撮其大要，分析述明，以为初学者之研究焉。兹将各劲分述如下。

（一）粘黏劲

即不丢之劲，主前进。为太极拳中最须要之基本内劲。由推手而来。

初练时两手不知所觉，犹如木棍。渐复由手而臂、而胸、而背，以至周身皮肤逐渐生有感觉。有感觉始可粘黏。有粘黏始可将敌吸住，为我所制。此种粘黏，须有高明老师引领之。宛如蓄电池之过电，教师为一有电之发电机，学者为一无电之蓄电池。功成则如发电机已将电过入于蓄电池中，而后蓄电池也能单独发电，俗称喂劲。以其如慈母喂食于小孩，日久之后，小孩也知自食方法。故练习此劲至相当程度后，皮肤上有似云似雾之气，如漆似胶。一遇敌手，即不丢不离。非但手如此，周身皆然。其艺愈高者，气愈厚，而面积愈大。但此气不能目睹，仅能自觉，或使其有同样功夫者，互相感觉耳。

故艺高之人，于推手时，一搭手即知对方程度，其理即在彼此粘黏圆圈面积之大小也。此劲为练习太极拳推手中最重要者。初步必须练习，否则不能研究其他诸劲。此为初学者不可不注意也。

（二）听劲

此听，乃周身皮肤感觉之听，非通常用耳之听也。故在未练听劲之前，必须先练粘黏劲。若不明粘黏，则不能听。或以推手之纲领，全在懂劲，而未知不听，即不能懂（懂其动作变化）。犹如言语，若不有耳静听，即不能理解人意，故欲懂非听不可。太极拳之听劲亦然，非将己身呆力俗气抛弃，放松腰腿，静心思索，而敛气凝神以听之不可。

夫不听，如何能懂？不懂，如何能走？不走，如何能化？不化，如何能发？由此可知太极拳中之听劲，甚为重要，希学者深切注意焉。

（三）懂劲

能听，然后能懂，此固为一定之理。然听或不准确，即不能全懂。故懂劲一门，亦甚困难，非由名师口授与自己切实研究不可。经相当时期后，方能全明其理。

在太极拳推手中，未懂劲之先，固易犯顶、偏、丢、抗等病。然已懂劲后，往往易犯断、结、俯、仰各病。此乃后者在似懂非懂之间，断、结无一定标准，皆因视听不能准确，尚未能达于真正懂劲之境。徜能闪、还、撩、了、转、换、进、退，行动自然随心所欲，如是方可谓真正懂劲也。

真正懂劲之后，即能得屈、伸、动、静之妙，开、合、升降之效。见入则开，遇出则合，看来则让，就去即升。果能到此地步，即入神明之域。太极拳论中所云："懂劲后，愈练愈精。"此之谓也。在未懂劲前，若先求尺、寸、分、毫，斯为小功，不过末技而已。所谓能尺于人者，实非先懂劲也。

必修懂劲后，神而明之，自能量尺、量寸、量分、量毫，能量然后能节、拿、抓、闭。到此境界，又分自己懂劲、于人懂劲两种。自己懂劲，阶及神明，能反探彼身中之阴，时时皆然，俗谓阳得其阴，水火既济，乾坤交汞，性命葆真矣。此乃修道中要诀。若于人懂劲，视听之际，随遇变化，不着思虑形相而无往不宜，自得太极之妙。此即技击中之要纲。

上述两种，乃为太极拳之大成。故习太极拳者，非懂劲不可。如莫明此道，则难于言太极拳者矣。

（四）走劲

即不顶之劲，主后退。由懂劲而来，不懂如何能走？如人来势，或高或低，或横或直，或左或右，或长或短，原无一定标准，若不懂其势，如何能走？

走者，走避人之重力，而不与之相抵之谓也。故推手时，手部一觉人有重意，即变为虚。如遇偏重，则偏松之。遇双重，则偏沉之。卸去其力，随彼力之方向而去，不稍抵抗，使人处处落空，毫不得力。所谓左重则左虚，右重则左杳是也。

然初学者非遇大劲而不走，是尚有抵抗之意，而非懂劲后之真走也，走进之枢纽，全在腰腿。腰腿无功，亦属徒然。学习者对于此节，亦不可不知焉。

（五）化劲

化劲由粘黏与走劲而成。不丢不顶，随感随化。前进后退，左顾右盼，相济不离，化之要点，全在我顺人背。若能达此境界，则彼虽有千斤之力，亦无所用。故化劲在太极拳中甚为重要。而化劲中须略含劲，无劲则又不能化。

化劲不要以手或肩化之，要全用腰腿。若用手或肩，是谓硬拨，非真太极拳之化劲也。倘能顺人之势，或高或低，或横或直，快慢相合（化之太快，不能引其入榫，过慢仍未化去），粘而化之。至于直来曲化，或左或右，或上或下，使彼劲路变更方向，在乎随机应变耳。但往复须有折叠，进退须有转换，使人不知己之劲路。直至对方势背为止，是谓真化也。化后仍可拿可发，要矣不可化尽。化尽则己之粘黏劲易断，而去势随之远矣；又不能化之过后，过后则势背，不能前进。

至于化敌之发劲，须使敌劲将出而未全出，将至而未全至之顷，随势而化。勿太早，或过迟。太早未到，无有所化。过迟已着，化之无益。至于划圈之大小，艺愈高者，圈愈小，反之则愈大。或以太极拳全尚软化者，非也。该拳实乃有化有发，化之得势，则发亦自可矣。

化不得势，何能言发？全由学者领悟运用耳。艺高者后化即前进，其上身似往后化退，但下一步同时已前进矣，此为以进作退之法。诚奥妙无穷焉。反之，初学者多半以退步为后化，实不知此乃逃避，而非真化也。

上乘者外操柔软，内含坚刚。此坚刚非有意之坚刚，实乃练功日久，自然增长之内劲也。所难者，内含坚刚而不施于外，即迎敌化人时，亦以柔软应付坚刚，使人坚刚尽化无存。然此步功夫，何等深玄。要非粘、黏、连、随，已由懂劲而达神明之域者，不能轻灵玄妙、收四两拨千斤之效也。

（六）引劲

引劲即人不动，而引其动。或人既成动，而引其人于己之路线是也。人仅知化劲、拿劲、发劲，而不知有此引劲。实则引劲处于拿化之间，而较化为难，盖对方来势，不能随己心欲，故必须用引劲以引之。譬如两物行走，方向不一，则无由相合，必须引之，然后乃能相合。

至引之方法，须化到对方之劲将尽未尽时，如此方可引之入窍。易言之，引劲乃欲引出对方背势中之焦点。遇对方艺浅者，固易为之。若稍有能为者，又须用假引之法。如引高打低，引直打横，或故出一虚拳以引之，使彼丹田气上升，重心不稳，在惊慌之际，出其不备，即可拿而发矣。

故在发之先，须有拿；在拿之先，须有引；在引之先，须有化，斯为一定之理。此种引劲之法，非专习有年者不能成。因引劲非仅手引，同时亦须应用身法、步法、腰法等。盖引之愈长，则发之愈有势。故太极拳论中所谓“进之则愈长，退之则愈促”即此意也。但终不离粘黏二字，是故不可不注意。

（七）拿劲

此劲较引化两劲，尤为难学，且在太极拳中颇为重要。盖不能拿，即不能发。发之不中，皆由拿之不准。拿实为发之先锋。拿至敌发呆顿而己之意到时，即发其交点，未有不中的。

唯拿时须动作轻灵，重则易为人知觉，变化脱去。其难亦即在斯将拿未拿到之际。若拿到后，敌即不能脱去。故拿之妙，妙在人不知不觉之间。但拿人必须拿其活关节，如腕、肘、肩等处，否则易被人化脱。

双手拿人，犹如以秤衡物。重者秤锤移于外，轻者则移于内，务使高低轻重相等，勿失其衡。拿时除沉肩坠肘、含胸拔背、敛气凝神外，己之重心，尤须注意，务使尾闾中正。顶悬步稳，重心稳定，所谓拿人不过膝，过膝即不拿，乃此意也。如离人远，非己进步不可，否则有重心不稳之虞。

拿人非手拿，手拿钝而易化。拿之枢纽，全在腰腿。拿人非力拿，力拿呆而易脱。拿之主使，全在意气。而拿之步法、身法、方向亦均重要，非口授不可。功深者拿人，一搭手无论何处，一索即得。且能使被拿者身不自主，随其所欲，俗曰入榫。但艺高者，往往拿而不发，其理乃因拿到后，人既知势败必负，已认屈服，可毋庸再施发劲，令人更觉难堪。此亦君子之道也。

拿又分有形、无形两种。有形者，拿之圆圈愈小，其功夫愈深；反之圆圈愈大，其功夫愈浅。无形者，在二人皮肤相粘，各施引拿时，艺浅者之圆圈，常被艺深者遮蔽。此种奥妙功夫，虽由明师教授，然非本人练之以恒，不会有成。

（八）发劲

欲击人，非发劲不可。不知发劲，焉能发人，更无以言拳击。其以太极拳为养身者可无言，如欲防身，则非知发劲不可。因太极拳若仅知化不知发，是乃知守而不知攻。须知化中有时不能手手化净、尽皆安然无事。一有失败，即牵连全部。进言之，纵不求胜于人，至少也应不败于人，故非一败涂地，非化发（即一守一攻）不可。如此可使敌不能致全力于发，亦须顾及于化矣。故前辈发人有“出手见红”之语，意为一出手即使敌人跌倒。不令人攻而守，或已守而攻，免得多费时间与精神也。实为至理名言。否则既须注意于守，又须注意于攻，反使己之精力分散，为人所乘。

太极拳中之发劲，分有截劲、长劲、沉劲、钻劲、寸劲、分劲、冷劲、断劲、抖跳劲等，其中截劲较长劲为猛，钻劲较沉劲为厉，分劲较寸劲为狠，其发人能将人双足离地，以一次腾出为佳。如人双足不能离地，仅带跳带退为次。后者元气与劲不足，不能摧敌根腾起焉。至于冷劲，因引发人于不知不觉，故其势甚猛，但为艺高者所不取，盖有损于君子之道也。何为断劲？断劲乃在引人得势后，中间内劲稍断，随即以全身蓄劲，直发于人身。此劲猛烈异常，用于不知太极劲或知而不精者最为灵验。但也为艺高者所不取，盖因斯劲之发，全皆暗昧不明，殊非丈夫所为。

相传昔日杨班侯发人，能使人双足离地，一跃腾出三丈六尺。在今人观之，杨之艺术可谓高超矣，然其父杨露禅反不以为然，其理也、以彼之发劲，实含有断冷性，而非光明磊落，用心意巧发也。此外尚有抖跳劲，当已劲与敌劲粘住时，即用腰腿劲抖拍之，敌身则双脚腾起，亦应之而拍于地，如拍球然。尤奇者，先拍之若干下，复以长劲发之，敌身出后，变能腾跳若干起，故此劲甚为奥妙。发劲中除借劲钻劲外，其他诸劲在未发之前均须有化引拿。拿之得势，方能言发。不然，发亦无效，此在初学者固觉困难，然一劲通后，他劲亦可通矣。未有精一劲，而不能使用他劲者也。

学习者于学习发劲之初，当先知劲路。人之全身，何处为根？何处为枝？何处为叶？人之上身，何处为根？何处为枝？何处为叶？夫人之全身，足为根，身为枝，头为叶。人之上身，肩为根，肘为枝，手为叶。人之下身，腿为根，膝为枝，足为叶。故拿人发人，先制其根，是谓登堂入室，亦即摧敌摧根是也。能明此旨，方可发人。否则犹如缘木求鱼，终不可得。然以劲发人时，必有三种要点：（1）机势；（2）方向；（3）时间。机势即已势顺，敌势背，敌之重心偏于一方，显露其交点。易言之，敌之重心已歪，身上有一部分发呆（即拗住之一点），同时其气上升也。方向，或上或下，或左或右，或正或隅，必须随敌之背向而发之。时间须恰当其时，即在敌旧劲已完，新劲未生之时（发呆时），或后退之时，不可或早或迟。早则敌势未完，易生顶抗之弊；迟则敌已发觉，而生变化。此三者，不可缺一。如知机势而不知方向，易犯落空或与敌相顶之弊。然知机势与方向，而不知时间，亦易犯顶抗或发之不足等弊。果能三者俱全，则发人甚易，犹如弹丸脱手，无往不利。反之，发势虽猛，仍无效用可言。除此三者之外，尚需注意己与敌之距离，过远则劲不能达，太近则己劲被闷闭，不能发出。

至于发劲之高低上下，亦有关系。人高我高，人低我低。人过低则我发其上部，人过高则我发其中部或下部。而敌之身躯长矮，大小轻重，亦概须留意。大抵矮者宜发其中部，上轻下重者，宜发其下部；上重下轻者，宜发其上部。此种轻重，可于推手时，用粘黏劲与引化劲侦知之。发之地点，有时发其呆实处，有时发其虚而不能变化处，有时手指引其力出，而以掌发之。总之，虚虚实实，先使敌意气散乱，引出其焦点，然后发之。并随屈就弯，人屈则随其屈以发之，人弯则就其弯以发之。可随机而运用。

夫艺高者，己之焦点甚小，而发觉人之焦点甚大，且在敌身上任何一部分，皆能引出焦点而发之。同时己身之任何一部分，均可以发人。而其发人，又在一刹那之间，随引随发，诚令人惊诧不已也。发劲时，须求周身一致，且出于不知不觉，发者本身自觉愈无劲，而受者愈觉沉重；反之，本身自觉出劲甚猛，但被击者，并未受得如其理想中之重量。此中缘由，实因发者自觉有劲，其劲并未全部透出；其自觉无劲者，彼劲已全部透出矣。

故发劲须如放箭，曲中求直，当完全吐出，勿稍停留于手臂中。盖发多不畅者，每有三停。以上肢言，一停于肩穴，二停于拐肘，三停于掌根。以下肢言，一停于胯，二停于膝，三停于踵。以中部言，一停于胸，二停于腹，三停于丹田。发时，己身应尾闾中正，虚灵顶劲，含胸拔背，沉肩垂肘，坐腕伸指，两臂直而不屈（内劲如九曲珠之成一大珠式）；同时将背脊骨稍加凸出，并坐腰松胯，如枪弹出膛之状，但坐腰不能向后，向后则劲缩于后，而不能前发矣。

发劲中内部气之运用有二。一由前往后，俗谓由先天往后天，是为丹田气沉，再由丹田逼出，贯之于四肢；二由后往前，俗谓由后天往先天，是为气贴脊背而出，贯之于四肢。

发人之劲，一如抛物，欲抛则抛，切不可稍有要抛不抛之疑虑。设有此，叫思虑，则意气易断。意气既断，何能发人？故发人时，须敛气凝神，目注对方，切勿视地，防人跌倒。视地则劲往下，太极拳论中所谓“仰之则弥高，俯之则弥深”即此谓也。

须知神之所在，意气随之，劲虽发出，而意气仍然不断，所谓劲断意不断，意断可接是也。艺高者能随化随发，其中含有一小圆圈，功愈深则愈小，半圈化而半圈发，因此常不见其形。此即所谓进即是退，退即是进，收即是放，放即是收也。

相传昔时杨健侯一日坐于庭中，手持烟筒吸烟，其徒前趋请益，乃命徒以拳尽力击彼腹，徒拳将着，杨在一笑一哈之顷，将腹一鼓，徒跌出庭外。杨乃按坐吸烟如常，其徒竟不明由何劲抛出。杨之长子少侯，在金陵时，一日道遇疯犬，犬扑其腿，将及未及之际，杨用膝一屈，犬即腾出数丈，此皆上乘发劲之妙用，亦神乎其技矣。

（九）借劲

为太极拳中奥妙而上乘之发劲，非艺高者不能应用。因借劲之发人，无引无拿，其间仅含有少许化劲耳，随到随发，不假思虑。其速犹如风驰电掣，乘人之势，借人之力，高来高往，低来低去，无须觅其交点背势，能使敌不知不觉而出。其尤奇者，敌来亦去，敌不来亦往，来势愈大，则被击之势愈猛。打手歌中所谓“牵动四两拨千斤”者，即借劲之谓也。

能借劲，则力小可胜力大，弱者可胜强者。倘更能善于此道，则人之任何部分，皆可借之，而己之任何部分皆可发之，唯发人时腰腿一致，沉肩垂肘，含胸拔背，尾闾中正，以意气发出。尤须顾及时间，不可或早或迟，早则敌劲未出，何由假借，迟则己身已中，无能为矣。最恰当之时间，为敌劲将出犹未全出，或将到而未全到之际，在斯一刹那间，发之方为有效。犹如人之入室，一足正将跨入，而室门忽闭，人即无从入内，而反被门扣出。又若人之说话，正待开口发音时，即掩之，口被掩扪，气阻音塞，无言矣。

由此可知借劲之学习，实非易事，尚能运用自如，是谓太极拳之上乘者。上述发劲项内杨家父子所发之劲，盖即此借劲也。

（十）开劲

见人则开，即见人之劲来时化开之谓也。开之劲，而有开展之意。用以达人之内门，其势非常勇猛。用时身法步法皆有相连关系，距离不能过远。过远则不能运用。

开时须用腰腿劲，加之以意气，并非只用手臂。若仅以手臂硬开，则呆而钝。开至恰到好处时，当即发之，过则已劲易断，即失效用，不足又反为敌所乘。总之，须开至已顺人背时为止，开之得势即可直迫敌身，任意所为。但艺高者，往往故意自开其门，任敌进入，即乘机反攻之。此种反施之法，合于老子所谓“欲取故先与”之说。又如窃贼盗物相同，若不入汝室，何以捕之？待彼入后将盗汝物时捕之，既容易，又合理。

开劲在十三势拳架中，应用甚多，如提手上势、白鹤亮翅、如封似闭等，要在学者自能检讨之耳。开劲非仅化人，亦可发人，其发人含有意，故开后即发，不发即失其机矣。

（十一）合劲

开之反为合。俗谓一阴一阳，一开为阳，一合为阴，有开必有合，有合必有开，故开合二字有连带关系。就去则合，即乘敌去合之谓也。

合为圆劲，亦即紧凑之意。合时用腰腿劲，须沉肩垂肘，含胸拔背，气贴脊背。在十三势拳式中，如提手上势、手挥琵琶、如封似闭、合太极等，皆有合劲之意。

合劲于太极拳中，甚为重要。发劲时多含此意，盖能将周身之气，合而发敌之焦点，则敌无不创焉。故《十三势行功心解》所谓“行气如九曲珠，无往不利”一说，即发劲之时，合众气一鼓而出，如九曲珠合而为一。盖发劲无此，则气不能凝，不凝则散，发亦无效。

（十二）提劲

提即提上拔高之谓，亦即太极拳中粘之一字。其效用乃拔敌之根，使其重心倾斜，敌重心既歪，则势败矣。唯本身重而提身轻者易，反之则难，非用巧法不可。此种巧法，即乘人不觉时，往前进步，用腰腿功向上粘提，使人在不知不觉间，重心倾斜。

至于提之方法，全在腰腿，非用手提，手提则重而笨，易被人发觉，故此时足部当取稳实。丹田气松，虚灵顶劲，气贴脊背，尾闾中正。敛气凝神，眼神注视对方，大有拔山提岭之概。此外对于方向、距离、身法及步法，尤应与对方凑合，不然，仍属无效，故在应用者随机应变耳。提之得势，加以后引，则无论何劲，皆可发击，敌未有不出焉。即打手歌中所谓“引进落空合即出”之意也。

但提劲非艺高者不办，不然反为人乘虚而入，弄巧成拙，学习者不可不注意也。

（十三）沉劲

沉与重，人均以为一也，实则非耳。盖重为有形，沉为无形，重力呆而滞，沉劲活而有似松非松、似紧非紧之形，与重绝不相同。学习者在推手时，对于沉、重、轻、柔、浮，大都不能分析了然，故每易误入歧途。著者有鉴于斯，特将该沉、重、轻、浮四字叙述如下，俾习者有径可循，而达正途。盖双重之病，由于填实，填实则气闭力呆。

双沉不为病，因其活泼能变。双浮为病，由于缥缈。双轻不为病，因其自然轻灵，然轻浮亦不等也。半轻半重不为病，偏沉偏重则为病。因半者，半有着落也；偏者，偏无着落也。偏无着落，则失方圆；半有着落，不出方圆。半沉半浮为病，失于不及；偏浮偏沉为病，失于太过；半重偏沉为病，滞而不进；半轻偏轻为病，灵而不圆；半沉偏沉为病，虚而不实；半浮偏浮为病，芒而不圆。然则果如何而后可？吾曰：双轻不进于浮，是乃轻灵；双沉不进于重，是乃离虚。此二者，斯为最佳也。

总之，内虚轻灵不昧，而外气清明，能留于肢体，始为正法。发劲能沉，则敌出更厉。因丹田之气，由背而臂而手，达于敌身，使敌腾空跃出，如拍球然。拍之愈急，其升愈高，此劲颇猛，为发劲中重要之一。《太极拳论》中所云：“如意要向上，即寓下意，若将物掀起而加以挫之之意。斯其根自断，乃坏之速而无疑。”即上述大意也，学习者不可不注意也。

（十四）掤劲

此劲在推手中最为重要。推手时如无掤劲，一搭手后，即为人所压瘪，无以相抗。但非用手臂，须用腰腿，加以意气，使敌不易攻入，此为防守之法。若欲发敌，则未掤之先，应往后向下，用引劲诱之，使其劲出而显有焦点，复借其劲而掤之，无不获胜。否则对方势必空虚，无由借假，不能掤也。

掤之地点，以人活节或拗处为最佳，盖使其不易化脱也。至适当时机，亟须发击，不然，徒劳往返，有何意义？发人时，须凝气敛神，眼神注视对方，若击东视西，则无效矣。

（十五）捋劲

捋者，一手（掌缘至腕处）粘人腕部，一手（肱部）黏人臂，其至彼身后，所以补其他发劲之不足也。盖其他发劲，敌多往后跌出。

如彼已知此弱点，故将重心前倾，不使后仰，斯进当用掤劲，乘其前倾，即引捋之，使臂前倒而跌至己身后方。然功浅无粘黏劲者，则勿用之，盖易被人乘隙而直入也。纵有粘黏劲者，若捋之不得其法，亦多不克制敌。其故有二。一则不能引敌，盖未捋之前，须故意先用劲，则对方必起抵抗，有此抵抗力，方可捋也；二则不明捋之方向，初学者之方向，多用直线，此在艺高者有身法步法，故能为之。

若技艺不精，反不如用三十度左右之斜角线为佳，因前者之劲易被滑脱，后者犹可借人劲也。捋人之主要关键，全在腰腿与意气，而非手臂也。夫捋之初，己身腰腿应略上升，掤至胸口前，人背已顺时，乃坐腿松胯，转腰而捋发之。但已过则不能发，未到亦然，盖已过则势尽，发亦无能，未到尚难得势也。故以捋发劲时，须全身精神贯之。眼神尤须注视对方，即使对方跌倒，亦须注视勿怠。此即《十三势行功心解》中所谓“劲断意不断”是也。

捋劲在推手中，甚为重要。不能捋，即不能使对方前俯，更不能移动其重心，重心不动，取胜难矣。

（十六）挤劲

挤者，乃以肱部（即前臂）挤人身之谓也。为推手中主要动作之一，不可过高或过低。

挤生于敌捋己之后，故欲挤之势足，先须注意任彼捋足，而变挤挤之。挤也可用于人靠之后。但挤不能用手臂之力，须用腰腿劲，加以意气。其姿势应圆满勿生棱角，顶悬身正，沉肩含胸，尾闾收住，上身勿向前俯，免倾重心。

若用力挤，则己臂反易为敌借劲，故艺高者能将挤劲贯于人之足部，使人处于背势，身体不得自由，其发可用长劲、沉劲、截劲等。唯初学推手，在四手中，大半缺挤一手，故推手盘拳不甚圆满，希学者加以注意焉。

（十七）按劲

按，乃以单手或双手按人身之谓也。按以顺步为得势，否则不易为也。按中有开合之意，并含有由前往后之一纵圆圈，若仅直按，即失效用，而反为人所制。

至按之开合，须手足相应，前进后退，有升降之势。艺高者用按法，以起步为虚，落步为实。虚则为引，实则为发。按须用腰腿劲，加以意气，又须眼神注视。虚灵顶劲，然亦不可去之太速。太速，反易被人借劲。如能藉腰腿之前伸，手臂蠕蠕按出，人必觉累而受制矣。

按时须顶悬身正，沉肩垂肘，含胸拔背，坐腰松胯，收住尾闾，上身勿前俯，俯则重心向前，以免被捋出，方使对方势背。凡艺高者按人，大都在其真功未发之前，即可使对方势背，自动倾仰跳跌。按之发劲中，亦分有长劲、截劲、沉劲等，尚望运用者随机而施之也。

（十八）採劲

採，即以手执人手腕或肘部，往下沉採之谓也。其效用与捋略同，欲使敌人重心已向前时，乘机使其更前倾。此採非用手，手採则功效小，须用腰腿劲，加以意气。採如得势，能使对方头昏眼眩，连跟全身採起，根起即可发之。唯採人不可採两边，因捋採一边，可使对方重心偏于一方，否则反被其借劲而稳定重心。

夫採人不可採之过轻，轻则易为所借，故不採则已，採则必须採足，方为有效。採时己身中正，沉腰坐腿，含胸拔背，沉肩垂肘，气沉丹田，眼神下视。太极拳中所云："仰之则弥高，俯之则弥深。"即此谓也。十三势拳架中海底针一势，即为採之用法。海底针之后连以扇通背，是即採后随发之意。

（十九）挒劲

此劲在太极拳中，不甚运用，故知者甚少。不如掤、捋、挤、按、採、靠等劲，为人所熟习。然此劲实甚重要，学者不可不知。譬如己在后仰势背之际欲使转顺，即须运用此劲，他劲不能为也。

挒劲用于按或採之后。其用法，一手按住人臂，一手即用手背反挒人之领际，使人后仰倾跌。如己被人用野马分鬃，至势背后仰之时，即可用挒以转顺势，反借其势，使之后仰。此艺高者所谓"吃何样，还何样"，彼欲使我仰跌，我即以仰跌还彼也。

挒又分横挒、採挒等法，但均使用腰腿之劲，而不用手也。用时须注意与对方保持一定距离，不可过远，远则无效。故当用身法步法，使之凑合，方为有效。此外尤须防己内门，否则弄巧成拙，反为人乘隙而入矣。

（二十）肘劲

手之击人（包括指、掌、拳、腕），应有相当距离。太远则易犯手未到而劲已断之病；过近则势闭，而又不能发。故欲弥此缺点，在距离过近且手不得势时，唯有用肘劲以助之。

肘为人之二门，较手为短，发之得势，较手为猛，可直攻人之心窝，是为毒手。发时须与膝相合，用腰腿劲加以意气，而身体正直，虚灵顶劲，含胸拔背，沉肩垂肘，尾闾收住，眼神注视对方，亦为主要条件。

大捋中之肘，含于人捋己时，以肘还击之；推手中之肘，含于分开人手之时，一手执人手，一手用肘击其胸口。此劲虽属凶猛，然用不得其法，反为敌借势，故用时不可不注意之。

（二十一）靠劲

靠乃以肩靠人之胸口，其势又较肘更厉。用于己身与敌距离更近之处，处被闭而不能发劲时。

靠时己身中正，肩与胯合，不可以肩硬撞敌身，须在己身与敌双方皮肤稍相接触之际，以腰腿之劲加以意气靠之，或上或下，随机而行。至于己之身法、步法，尤应注意。顺手须插入敌之裆内，成丁字形，否则不能得势。靠在大捋中用之甚多，故学者极易明了。

唯靠时应虚灵顶劲，含胸拔背，尾闾中正，眼神注视对方。即使对方已倒亦然。此外更须防护己之面部，及所靠之手臂。不然，一有疏忽，则易为人击面，或撅臂之虞。故靠时另一手须护于靠之手臂肘弯处，以防不测。能靠，则身瘦劲小者，亦可以攻力厚之人，因肩劲较手劲、肘劲为大故耳。

（二十二）长劲

即柔慢而伸长之劲。用之于己于人手、臂、肘、肩、腰、胯、膝、腿、足或周身各部均可。在推手中，引拿人之后，将己劲渐渐伸长，发于敌身交点之上。倘其后化至不能再化时，势必腾出，如遇敌劲阻挠，则己劲须绕曲前进。随其势，勿丢勿顶，有隙则进。斯种情形，若以线穿一九曲之珠，劲大线折，不能进。劲小遇阻，亦不能进。非随其曲弯势，以巧劲穿之不可。《十三势行功心解》内所谓“行气如九曲珠，无往不利”一说，即此谓也。发时须沉肩垂肘，尾闾中正，用腰腿劲，加以意气。

艺高者用长劲时，或先用截劲，参以长劲；或先用长劲，至敌将出未出时，补以截劲。先截后长，则对方先倒退，退至长劲完时复腾出；先长后截，则对方先腾出，后倒退。因先后所发之劲，咸蓄于敌身，先人后出，后人先出。譬如弹簧，旋之愈久，则弛之愈久；旋之甚暂，则弛亦甚暂。非弛至尽处不止，夫太极拳之奥妙，即在于此。故练习太极拳者，长劲不可不知也。

（二十三）截劲

一名刚劲。用之于手、臂、肘、肩、腰、胯、膝、腿、足，或周身各部均可，其运用全在引入落空，将知而不能变化之际，随即对其中心发之。故其势速而促，被击之人跌势甚猛。

发时应虚灵顶劲，含胸拔背，沉肩垂肘，尾闾中正，敛气凝神，用腰腿劲，加以意气，眼神注视对方，即使对方已倒亦然。此劲发出，有弧线形、直线形两种，随势应用。初学者欲用之得法，固非易事。

（二十四）钻劲

即入劲，用之以指或拳。其用于与人皮肤相处之时，如钻之入木，旋转而入，此劲甚为勇猛，可以击伤人之内部。

用时含胸拔背，沉肩垂肘，虚灵顶劲，气沉丹田，全以意气发出。此劲亦可破人内功，如气功闭口功之类。确为太极拳之专长劲，但用之地点不合，即易伤人。初学者可不必深究，以免伤人，故本篇亦从简而言。至于此劲之练法及发人何处穴道，非经名师口授心传不可。

（二十五）凌空劲

此劲异常奥妙，近于神秘，而非目睹者所能信，实乃一种精神上之作用而已。艺高者发此劲时，仅须口中一哈，对方即双足离地而后退。盖因被发者，精神已为发者所吸引，无可抵抗。然被发者必须先明粘黏等劲，一哈之后，即由感觉而后退，否则发者仍无效。此劲虽奥妙莫测，但学者可不必深求，仅作游戏观可矣。相传昔时杨健侯、少侯父子，能吸引烛近尺，一手隔之火光即熄，即凌空劲中之一法。唯此功夫今已失传云。吴图南凌空劲歌：

露禅班侯梦祥间，三世心传凌空难。
我今道破其中秘，洞彻全豹反掌间。

只因传功皆口授，未曾公开告世人。
且幸恩师多倚重，教我其中步骤全。
我今说明其中意，节省时间又便传。
先须啄劲练到手，再学荡劲不费难。
离空诸劲都学会，哼哈二气亦练全。
彼此呼吸成一体，牵动往来得自然。
此时再学凌空劲，坚持功夫一二年。
手舞足蹈随心意，至此方叫功夫完。

以上为太极拳主要之劲。或黏，或走，或引，或发，或化，或拿，以外尚有拨劲、搓劲、撅劲、卷劲、寸劲、分劲、抖擞劲、折叠劲及擦皮虚灵劲等，种类甚多，因非必需，故从略。总之，功夫先练开展，后练紧凑，紧凑得法，再研究尺寸分毫。由尺而寸、而分、而毫，达乎甚密，乃不动而变。至于用法，能懂、能化、能拿、能发后，太极拳中任何一式，或另一种散手法，或以至少林派拳中一着，均可参人应用，只须分清外门、内门，上、中、下三部，得机得势，随意运用，不必拘于一式或一法也。学者如欲求各劲之彻底了解，非由高艺名师口传心授不可，本编仅述其大要耳。

第八章

太极拳理论浅析

一、王宗岳太极拳理论浅析

（一）王宗岳其人

王宗岳，山西人，清代乾隆年间（1736 －1795）在河南洛阳、开封等地，以教书为业。他酷爱武术，精通拳法、枪法，悉心研练数十年，颇有心得。著有《太极拳谱》和《阴符枪谱》。据清代乾隆六十年乙卯岁（1795）佚名氏《太极拳谱序》记载 ："山右王先生，自少时经史而外，黄帝、老子之书及兵家言，无书不读；而兼通击刺之术，枪法尤其精者也。盖先生深观于盈虚消息之机，熟悉于止齐步伐之节，简练揣摩，自成一家，名曰'阴符枪'……辛亥岁（1791），先生在洛（即洛阳）即以示余，余但观其大略，而未得深悉其蕴，每以为憾。余应乡试居汴，而先生适馆于汴。退食之余，复出其稿示余，乃悉心观之。"又说 ："先生尝谓余曰 ：'余本不欲谱，但悉心于此中数十年，而始少（稍）有所得……于是将枪法集成为诀，而明其进退变化之法。'"其文说明王宗岳于 1791 年在河南洛阳，1793 年在开封。他悉心武技数十年，到此地时他已进入晚年。

王宗岳所著的《太极拳谱》和《阴符枪谱》是对武术的重大理论贡献。其中《太极拳谱》主要包括《太极拳论》《太极拳释名》《打手歌》《十三势行功歌》四篇诗文。这四篇文章在国内外流传极广，被奉为太极拳的经典之著。它对于后世太极拳实践和理论的继承、创新和发展都有极为深刻的影响。

（二）王宗岳《太极拳论》原文

太极者，无极而生，动静之机，阴阳之母也。动之则分，静之则合。无过不及，随曲就伸。人刚我柔谓之走，我顺人背谓之粘。动急则急应，动缓则缓随，虽变化万端，而理唯一贯。由着熟而渐悟懂劲，由懂劲而渐阶神明。然非用功之久，不能豁然贯通焉。

虚灵顶劲，气沉丹田。不偏不倚，忽隐忽现。左重则左虚，右重则右杳。

仰之则弥高，俯之则弥深。进之则愈长，退之则愈促。一羽不能加，蝇虫不能落。人不知我，我独知人。英雄所向无敌，盖皆由此而及也。

斯技旁门甚多。虽势有区别，盖不外壮欺弱，慢让快耳。有力打无力，手慢让手快，是皆先天自然之能，非关学力而有为也。察四两拨千斤之句，显非力胜。观耄耋能御众之形，快何能为。

立如平准，活似车轮。偏沉则随，双重则滞。每见数年纯功不能运化者，率皆自为人制，双重之病未悟耳。欲避此病，须知阴阳。粘即是走，走即是粘。阳不离阴，阴不离阳，阴阳相济，方为懂劲。懂劲后愈练愈精，默识揣摩，渐至从心所欲。

本是舍己从人，多误舍近求远。所谓差之毫厘，谬之千里。学者不可不详辨焉。是为论。

（三）王宗岳《太极拳论》浅析

太极者，无极而生，

太，大也，至也；极者，枢纽，根底之谓。太极为天地万物之根本，而太极拳则为各拳之极致也。无极而生者，本于无极也。此拳重在锻炼精神，运劲作势，纯任自然，不甚拘于形式，以虚无为本，而包罗万象，故曰无极。然初学者就当有形姿势入手，学习久之，着熟然后懂劲，融会贯通，始能入于神化之境。

动静之机，阴阳之母也。

变异物体之位置，或动体进行之方向曰动。保存或维持其固有之位置或方向曰静。机者，联兆也，非阴符经天发杀机之机者。夫动静无端，阴阳无始，太极者，其枢纽机关。而以太极拳当行功时，中心泰然，抱元守一，未尝不静。及其静也，神明不测，有触即发，未尝无动。发劲时存静意，于静中寓动机。一动一静，互为其根，合乎自然，此太极拳之术所以妙也（万物之生也，负阴而抱阳，莫不有太极，有太极斯有两仪。故太极为阴阳之母。太极拳着着势势，均含一圆环形，其动而阳静而阴及刚柔进退等，均与易理无异。故得假借易理以说明之，非强力附会也）。中国旧日学说，诸凡事均以阴阳喻之，故阴阳无定位。太极拳之喻阴阳亦然。刚劲如阳，柔劲如阴；发劲如阳，收劲如阴；粘劲如阳，走劲如阴。手足关节之伸如阳，曲如阴；分如阳，合如阴；开展如阳，收敛如阴。身躯之仰如阳，俯如阴。凡此所喻，无论遇如何变化，内皆含一圆环形。故动静不同时，阴阳不同位，而太极无不在焉。

动之则分，静之则合。

动，变动也，动之则分阴分阳，两仪立焉。静之则冲漠，无联而阴阳之理已悉具其中矣。太极拳术，当行功时，其各姿势，一动一静相间；其拳术之动作，前后左右上下，均有阴阳虚实，已具其中。故曰静之则合。若作运劲解，则太极之阳变阴合，即物理力学之分力合力之理也。太极拳术遇敌欲制我时，则当分截其劲为二，使敌力不能直达我身（背劲），所谓动之则分是也。若将敌粘起，用提劲，阳之变也；及其静走之，使不动，或敌劲落空，稍静即发，用合劲，阴之合也。徜敌欲发我，则应中心坦然，审后应机，静以候之。微动即应，所谓后人发先人至是也。夫道一而已矣。当混沌未判，鸿蒙未辟，本无动静，何有阴阳？故以虚无如本者，无不合道，天地如是，太极如是，太极拳习至极精处，亦如是也。然此指先天而言，指习拳术功深进道者而言。初学之士，颇难悟此也。及乾坤既定，两仪攸分，有阴阳，斯有动静，则言太极者，不能不就有形象者以讲求之。太极拳之分合动静，合乎阴阳。如动势需求开展，运劲务明虚实。刚则化之故曰分，柔则守之故曰合。坤在静中求动，无如始而有如终，必须服气；乾则动中求静，有如先而无如了，只要还虚。盖万物之理，以虚而受，以静而成天地，从虚中立极，静中运机。故混沌开而阖辟之局斯立。百骸固，而无极之藏自主，无不从虚静中来也。重阳子曰，此言大道之原，而功先于虚静，虚则无所不容，静则无所不应。由是观之，习太极拳者，倘以虚静为本，则分合变化自无不如意也。

无过不及，随曲就伸。

过，逾也；不及，未至也。随无逆也，就即之也。过与不及，皆为失中，则阳亢阴睽，未能有合也。太极拳于屈伸分合等处，若运劲过，则生顶抗等病；不及，则有丢偏等病。欲求不即不离，则应随之而取，就之而伸。随机应变，因力于敌，以中为主，而粘黏连随以就之自无不合。所谓君子而时中也。然初学此拳者，每失之过，迨稍懂劲则每失不及。学习者宜慎之。

人刚我柔谓之走，我顺人背谓之粘。

人者，敌也。刚，指刚强有力而言之。柔，顺也。走者，化也，以柔顺变化敌人之方向，不为所制，故曰走。顺者，自由便利也。背者，不自由不便利也。粘者，取制敌人之力也。遇敌施刚力时，我唯顺应其势，取而制之，使就我之范围，故曰粘。太极拳常以小力抵大力，弱胜强，柔制刚，如其主旨。但以常理言之，小不可以敌大，弱固不可以胜强，柔故难以其制刚。然云敌之胜之制之者，必有其所以制胜之理在。盖敌力须加吾身，方生效力。苟御制得道，趁其用刚发劲之始，随机应变，採取擒获，使还制其身，则我虽弱，常居制人地位，敌虽强，常居被制地位，难以自由发展。力虽巨何益？此老聃齿敝舌存之说也，颇合太极拳刚柔之意，然非好学深思之士，未足以悟此。

动急则急应，动缓则缓随，虽变化万端，而理唯一贯。

此言以动作之迟速，当随敌动作于迟速之程度而异。但欲识敌之迟速程度，须先体察敌力之动机，方能因应咸宜。所谓动机，周濂溪《通书》有云，“动而未形，有无之间者，曰机”；又曰，“机微故幽”，难识如此，设非功深，不易知也。然苟得其机，敌虽变化万端，由一本而万殊，而我则执两用，中扼万殊，使归一本，审机应候，无过不及，守一以临，纯任自然，无丝毫之凝滞矣。故曰得一而万事毕是也。

由着熟而渐悟懂劲，由懂劲而渐及神明。然非用功之久，不能豁然贯通焉。

此言习太极拳者，进功自有一定之程度，而不可躐等躁进也。太极拳之妙全在用劲（此劲系灵明活泼、由功深练出之劲，不可仅作力量解）。然劲如无形，必依附于有形之着，使能显著。太极拳者每专恃善于运动，而轻视用着，以致习者无从捉摸，有望洋兴叹之慨。虚度光阴，难期进益，较因循序渐进者，反事倍功半，不遵守自然之程序故也。教者必须因材授教，使学者各得其益。拳术虽属小技，然执涂人而语，以升堂入室之奥，未有能豁然者也。故习此拳者，应先模仿师之姿势。姿势正确矣，须求各姿势互相连贯之精熟。拳路熟矣，须求各种招数之用法。着熟矣，其用是否能适当。用均得其当矣，其劲是否不落空。劲不落空，是真如着熟。再由推手以求懂劲，研究对手动作，轻重迟速，及劲行之趋向、方位，久之自微懂而略懂，进至于无微不觉，无处不懂，方得称为懂劲。懂劲后，不求用着，而着自合。进至无劲非着，无着非劲，渐至不需用着，只须用劲。再至不求用劲，而劲自合。以意运劲，以气代意，精神所触，莫之能御，则渐至神明矣。是非数十年纯功，曷克臻也。

虚灵顶劲，

虚，一作须，似宜从虚。虚者，对实之称，实即窒滞难巧也。顶者，头顶，亦曰囟门。小孩初生时此处骨软未合，常随呼吸颤动。道家称作上丹田、泥丸宫，盖藏神之府也。佛家摸顶受记，道家上田练神。《黄庭经》云："子欲不死修昆仑。"示人修养之要诀也。夫人之大脑主思想，小脑主运动，而头顶实首出无物，支配神经为主宰，其地位重要至此，宜为修养家所注意。练太极拳者，向主身心合一，内外兼修，精神与肉体二者同时锻炼。故运动时必运智于脑，贯神于顶，务使顶上圆光虚灵不昧，所以练神也。盖头为全身纲领，纲举目张。头顶悬，则周身骨骼正直，筋肉顺遂，偶有动作，全身一致，左右前后无制时矣。

气沉丹田。

丹田，穴名。道谓丹田有三，一居头顶以藏神，一居中以藏气，一居脐下以藏精。此指下丹田也（脐下三寸），常用深呼吸使气归纳于此，自能气足神旺。《黄庭经》云："嘘吸庐外，出入丹田。审能行之可长存。"盖常人呼吸短促，每至中脘而回。中脘横膈膜也，不能达此处，因之循环迟缓，肺力薄弱，不足以排体中氮氧，血脉不能红活。与人之寿命关系至钜。老子曰："天地之间其犹橐籥乎？"又曰："虚其心实其腹。"盖吐故纳新，归根复命。吐故纳新，吐腹中之浊气，纳吸新鲜空气也。根，根蒂，指下丹田命门精气也。归复者，以意逆志于此也。以心意导精气于下丹田，以施烹炼也，久之自能延年却病。下丹田为全身重点，所以在习拳术者，沉气于此，则屹然不动，不易撼倒。但沉者徐徐而下，在有意无意之间，非若外家之用力下沉，外膨小腹也。倘或不慎，每致肠疝诸症。

不偏不倚，忽隐忽现。

偏，颇失中也。倚，赖失正也。隐，藏也。现，表现也。忽隐忽现者，神明不测也。上指身体姿势，下指精气运动。若有意无意，使神气意力全身贯彻，无过不及，忽隐忽现，令人不可捉摸。练习纯熟便易领悟。周身中正，无不是之处。但领首均须含活泼之意，富自然之趣。过于矜物，则神气凝滞，姿态呆板，运动不能虚灵，动生障碍矣，故曰忽隐忽现也。

左重则左虚，右重则右杳。

此乃承上文而言，吾隐现无常，敌以吾力在左，思想要加重吾左方之力，必失平衡，吾则虚以待之，令敌力落空。敌揣我右方有力，可以擒制，吾即隐而藏之，虚实易位，随机善应，敌更何所施其技矣。

仰之则弥高，俯之则弥深。

仰，升也。俯，降也。敌欲提我使上，吾即因高之；敌欲俯我使下，吾即因而降之。敌随失去重心受吾制矣。

进之则愈长，退之则愈促。

进，前进也。长，伸术舒也。退，后退也。促，逼迫也。吾前进时，倘敌顺领吾劲，吾则长身以随之，使无可避。或敌趁势前进，吾急引而伸之，使力到尽头，自不再得逞。吾若退后，敌力逼来，每致迫使无路可逃。《易》云："天行健，君子以自强不息。"示人遇事当积极进取，不可退缩也。太极拳虽以柔静为主，但非务退避，其佯退者，乃以退为进，非真退也。若竟退时，倘遇敌随之深入，则逼迫不自安矣。又敌退后时，吾进而迫之使愈促。吾退后时，敌力跟来，吾则或俯身折叠，以促其指腕，或旁按臂弯，使敌促迫不安，而不能再进。

一羽不能加，蝇虫不能落。

羽，翎羽也。加，增之也。落，降也，着也。言善太极功者，感觉敏锐，稍触即知，稍纵即逝，虽轻如一羽，微如蝇虫，稍近吾体，亦即知觉，趋避而不令加着也。夫虚灵不昧之谓神。有知觉然后能运动。致虚极，守静笃，寂然不动。感而遂通，有不期然而然也。非锻炼有素、支配软灵、富有触力，未足于悟此也。

人不知我，我独知人。英雄所向无敌，盖皆由此而及也。

虚静则阴阳相合，觉敏则阴阳互济。敌偶动作，我无不知；我之动作，敌尽难知。拳术家所向无敌，盖均由此。孙子曰 :“善战者，无赫赫之功。”又曰 :“知己知彼，百战不殆。”不知彼而知己，一胜一负。人不知我，我独知人，则所向无敌矣。

斯技旁门甚多。

泛指各项拳而言。

虽势有区别，

流派不同，姿势各异。

盖不外壮欺弱，慢让快耳。

他种拳术重力量，尚着法而不求懂劲。故于机势妙合，运用灵敏，以静制动，诸诀概不过问。

有力打无力，手慢让手快，是皆先天自然之能，

谓力大与敏捷二者均为天赋的能力。

非关学力而有为也。

非由学而能者。

察四两拨千斤之句，显非力胜。

如秤衡称物，滑车起重，全赖杠杆斜面等理。太极拳以小力胜大力，以无力制有力，与科学暗合。

观耄耋能御众之形，快何能为。

古称七十岁曰耄，八十岁曰耋。年老之人行动迟缓，然古之名将如廉颇等，虽老尚能胜众，是必不仅恃手足速快而已也。

立如平准，活似车轮。

中正安舒，不偏不倚，脊背之关，自然得路也。

圆妙庄严，灵活无滞，则周身法轮常转不已也。

偏沉则随，双重则滞。

偏，指一端也，如吸水机，如撒酒器，使一端常虚，故能引水。器之不堪盈满，满则自覆矣，犹彼我之双重。太极拳以虚灵为本，单重尚且不可，况双重乎。

每见数年纯功不能运化者，率皆自为人制，双重之病未悟耳。

古云："恃德者昌，恃力者亡。"《易》曰："天行健，君子以自强不息。"盖言虚则灵，灵则动，动则变，变则化，化则无滞耳。善应敌者，常制人而不制于人，而况自为人所制乎。用功虽纯，苟不悟双重之弊，犹未学耳。

欲避此病，须知阴阳。粘即是走，走即是粘。

阴阳之解前已述之，兹不复述。制敌劲时谓之粘，化敌劲时谓之走。

阳不离阴，阴不离阳，阴阳相济，方为懂劲。

知己知彼，知刚柔虚实，则阴阳互为消长，以虚济盈，而不失其机，斯真懂劲。

懂劲后愈练愈精，默识揣摩，渐至从心所欲。

反衬不懂劲则愈练愈不精也。懂劲后能自揣摩，默而识之，有余师矣。

本是舍己从人，多误舍近求远。

毋意、毋必、毋故、毋我，随机应变，不拘成见。不得机而妄动者，动则得咎。

所谓差之毫厘，谬之千里。

区别甚微，人易谬误。

学者不可不详辨焉。是为论。

古人云"获得真诀好用功"，苟不详为辨别，则真妄费功夫矣。

二、武禹襄《太极拳论》浅析

（一）武禹襄其人

武禹襄，名河清，字禹襄。河北省永年县人，清朝秀才。生于嘉庆七年二月，卒于光绪六年十一月（1812–1880）。武禹襄与杨露禅同乡，武与之较技切磋，有感杨未尽授，于1852年赴河南赵堡向陈清平习拳，而得其精要，始知与原学的拳艺异同。随后又于其兄处获得王宗岳《太极拳谱》，归里后，即与其甥李亦畬研习验证。武禹襄格物致知，详尽了王谱之理，豁然贯通并颇有发悟，独创了一派严格遵循太极拳原理与法则的武式拳。

（二）武禹襄《太极拳论》原文

一举动，周身俱要轻灵。尤须贯穿。气宜鼓荡，神宜内敛。无使有缺陷处，无使有凸凹处，无使有断续处。其根在脚，发于腿，主宰于腰，形于手指。由脚而腿而腰，总须完整一气。向前后退，乃能得机得势。有不得机得势处，身便散乱，其病必于腰腿求之。上下前后左右皆然。凡此皆是意，不在外面。有上即有下，有前即有后，有左即有右。如意欲向上，即寓下意，若将物掀起而加以挫之之意。斯其根自断，乃坏之速无疑。虚实宜分清楚，一处自有一处虚实，处处总此一虚实。周身节节贯串，无令丝毫间断耳。

（三）武禹襄《太极拳论》浅析

一举动，周身俱要轻灵。

演势时，不用后天拙力，则周身自然轻灵。

尤须贯穿。

贯穿者，绵绵不断之谓也。不贯穿则断，断则人乘虚而入。

气宜鼓荡，神宜内敛。

气宜鼓荡则无间，神宜内敛不乱。行功走架时，要自然深呼吸，不可间断。凝神敛志，则心意专一。

无使有缺陷处，无使有凸凹处，无使有断续处。

凡有凹凸或断续处时，此皆未能圆满也。凹凸之处，易为人所制；断续之时，易为人所乘，皆致败之由也。

其根在脚，发于腿，主宰于腰，形于手指。由脚而腿而腰，总须完整一气。向前退后，乃能得机得势。

庄子曰："至人息以踵。"太极拳术呼吸深长，上可至顶，下可至踵，故变动其根在脚。由脚而上至腰，由腰而上至手指，完整一气。故太极以手放人，而跌出者，并非用手指之力。其力乃发于足跟，而人不知也。上手下足中腰，无处不相应，自然能得机得势，即劲整也。

有不得机得势处，身便散乱，其病必于腰腿求之。

不得机，不得势，必是手动而腰不动，腰动而腿不动。手愈有力而愈散乱，故有不得力处，必从腰腿求之，即动腰腿也。

上下左右前后皆然。凡此皆是意，不在外面。有上即有下，有前即有后，有左即有右。

接上言。即"腰腿求之"，欲上欲下，欲前欲后，欲左欲右，皆须动腰腿，然后能如意。虽动腰腿而内中有知己知彼，随机应变之意。若无意，则虽动腰腿，亦乱动而已。

如意欲向上，即寓下意，若将物掀起而加以挫之之意。斯其根自断，乃坏之速无疑。

此言与人交手时，随机应变，反复无端，令人不测，使人知此而不能知彼。自然散乱，散乱则我可发劲矣。

虚实宜分清楚，一处自有一处虚实，处处总此一虚实。周身节节贯穿，无令丝毫间断耳。

练架要分清楚虚实，与人试劲或交手也要分清虚实。但分虚实不是主观的，要从对方的来意而定。彼实我虚，彼虚我实。在交手中完全凭听劲，实者忽然变虚，虚者忽然变实，彼不知我，我能知彼，则无不胜矣。

周身节节贯穿中的"节节"二字，言其能虚空粉碎。能虚空粉碎，则处处不相牵连，运用之时才能节节贯穿，非不相顾，如常山之蛇，击首则尾应，击尾则首应，击其背则首尾俱应。夫然后可谓之轻灵矣。又如千斤之铁棍，非不重也，然有巨力者可持之起，但以百斤之铁链，虽有巨力者却不能持之而起，以其分为若干节也。虽若干节，而仍是贯串。练太极拳亦犹此意耳。

三、《十三势歌》浅析

（一）《十三势歌》原文

十三总势莫轻视，命意源头在腰隙。

变转虚实须留意，气遍身躯不稍滞。

静中触动动犹静，因敌变化示神奇。

势势存心揆用意，得来不觉费功夫。

刻刻留意在腰间，腹内松静气腾然。

尾闾中正神贯顶，满身轻利顶头悬。

仔细留心向推求，屈伸开合听自由。

入门引路须口授，功夫无息法自修。

若言体用何为准，意气君来骨肉臣。

详推用意终何在，益寿延年不老春。

歌兮歌兮百四十，字字真切义无遗。

若不向此推求去，枉费功夫贻叹息。

（二）《十三势歌》浅析

关于《十三势歌》的理解，在前文中对王宗岳和武禹襄的《太极拳论》解析时已有涉及，在此只作简要说明。况且对经典理论的解释应尽可能精而简，如果多言反会有误原文之嫌。

十三总势莫轻视，

在王宗岳《太极拳释名》中说：“十三势者，掤、捋、挤、按，即乾、坤、坎、离，四正方也，採、挒、肘、靠，即巽、震、兑、艮，四隅角也。此八卦也。进步、退步、左顾、右盼、中定，即金、木、水、火、土也。此五行也。合而言之，曰十三势。”

莫轻视是重要，不可忽视。太极拳中的八种手法和五种步法，俗称“八门五步”，与八卦五行相合。这是太极拳的基本内容和劲力。

命意源头在腰隙。

“腰隙”是指位于腰部的“气海”与“命门”及两肾间的区域，不单指哪个具体的穴位。气功学中的“性命双修”，也是强调对肾区——两腰间的“气海”与“命门”区域中元气或真气的修炼。不能用“间”或“际”取代“隙”字。正如拳谱说：“天有三宝日月星，人有三宝精气神。”《拳法·精气篇》说：“拳家三宝精气与神，存亡之机，生命之本。”

命意源头是指修炼的目的和源头就在“腰隙”。所以盘拳练功，最基本的是腰功，养性保命必须从腰功练起。所以强调命意源头在“腰隙”。

变转虚实须留意，

所谓“变转”，即在练功盘拳中，不断地进行虚实转换，是运拳中的最基本的动作。何谓“太极”？即阴阳也，阴阳即虚实。“留意”二字是加重语，是说在练拳盘架中要时时刻刻注意阴阳转换和虚实变换，不懂阴阳，不把精神集中在虚实转换上，即不懂太极。所以，清代李亦畬在《五字诀》中说：“神聚则一气鼓铸，练气归神，气势腾挪，精神贯注，开合有致，虚实清楚……”

气遍周身不稍滞。

太极拳的基本要求是“以意导气，以气运身”，所以运拳过程中气遍身躯每个环节。是意动、气运、神领；意到、气到、劲到。“不稍滞”没有一点不顺畅的地方，使内气毫无阻滞地周流全身。

静中触动动犹静，因敌变化示神奇。

在练功架中要始终保持身体松静，只有静才能感之动，“身虽动，心贵静”，“以静御动”，“视动犹静”。即使在推手和散手中也依然是“以静制动”，要顺势随机应变、待机造机，顺势借力，“四两拨千斤”。

势势存心揆用意，得来不觉费功夫。

“势势”，即太极拳的十三势：掤、捋、挤、按、採、挒、肘、靠、进、退、顾、盼、定。“揆用意”，揆，察设、注意，不能马虎。只有这样才能使你的功夫不断提高。其体用兼备的成果，是在长期训练无意之中获得的，所以才“不觉费功夫”。

刻刻留意在腰间，

“刻刻”，时时刻刻、每时每刻之意，时刻都要把思想和意念放在腰上。如拳谚云，“腰如干，肢如枝，腰脊为第一主宰”，“气若车轮，腰如车轴”等，说的都是“腰”的重要性。这和上边说的“命意源头在腰隙”是一样的。前者是身体部位在静态时的主次关系，这里讲的是动态中的神意要时时想着“腰隙”，心要放在腰间。

腹内松静气腾然。

这里的“腹”，是小腹部位的气海与丹田间的区域。若想实现“心与气相守于丹田”，就必须静心松腹，才能蓄气充盈，才能自然鼓荡，才能气势腾然。

尾闾中正神贯顶，

尾闾，一般是指尾骶骨，包括骶椎和尾椎在内。在调整身形时，要求尾闾与头顶百会穴在一条直线上，使身体自然正直，取中之势，所以又称“中正”或“正中”，即不偏不倚，心静身正。神贯顶，是指神气灌顶，精神能提得起。

满身轻利顶头悬。

“满身轻利”，是指运拳时的动作状态，好似猫扑鼠，全身放松，轻灵利落。“顶头悬”，即头部向上顶起（意领，不准用力顶），如悬物状，与虚灵顶劲相同，它同满身轻利是相互的。

仔细留心向推求，屈伸开合听自由。

推，指推敲的推。向推求，即对拳理拳法进行探求、研究、推理判断，寻求太极之理、太极之韵、太极之精髓。前四个字的屈、伸、开、合，是行功走架过程中的虚实进退的肢体变换。或者说着着势势，都要依理、依法、顺其自然，不要矫揉造作，或多动、妄动、乱动。自由和自然是不同的。

入门引路须口授，功夫无息法自修。

这里指学拳不能自己瞎练，不仅要知理知法，还必须由师父心传口授。后一句是要求学者有恒心，下工夫。拳艺无止境，全凭无息地去修炼，别无他法。

若言体用何为准，意气君来骨肉臣。

上下句是一个完整的意思，即用什么来检验你对拳的理解呢？是“体”与“用”的统一，这是标准。《拳谱》中有“文为体”“武为用”的结合，缺一不可。就其意念精神与肢体动作相比，二者的关系是“意气君来骨肉臣”，意念精神为君，肢体为臣。所以朱怀元大师说：“太极拳不是拳脚功夫，而是内功，是神意气的化合。”

详推用意终何在，益寿延年不老春。

进一步详细推敲才知道，学拳练功的真正或最终目的是养生保健，延长寿命，生命不老，青春常在。

歌兮歌兮百四十，字字真切义无遗。

若不向此推求去，枉费功夫贻叹息。

最后四句是终结，强调对每一个字要全面理解，反复告诫太极拳爱好者要下工夫推求拳理拳法，融会贯通，否则是“枉费功夫”，即白费时间去练拳，只好悔之晚矣，贻叹息。

四、武禹襄《十三势行功心解》浅析

（一）武禹襄《十三势行功心解》原文

以心行气，务令沉着，乃能收敛入骨。

以气运身，务令顺遂，乃能便利从心。

精神能提得起，则无迟重之虞，所谓顶头悬也。

意气须换得灵，乃有圆活之趣，所谓变化虚实也。

发劲须沉着松静，专主一方。

立身须中正安舒，支撑八面。

行气如九曲珠，无往不利。

运劲如百炼钢，何坚不摧。

形如搏兔之鹄，神似捕鼠之猫。

静如山岳，动若江河。

蓄劲如开弓，发劲如放箭。

曲中求直，蓄而后发。

力由脊发，步随身换。

收即是放，放即是收，断而复连。

往复须有折叠，进退须有转换。

极柔软，然后极坚刚。

能呼吸，然后能灵活。

气以直养而无害，劲以曲蓄而有余。

心为令，气为旗，腰为纛。

先求开展，后求紧凑，乃可臻于缜密矣。

又曰：先在心，后在身。腹松静，气敛入骨。神舒体静，铭刻在心。

切记，一动无有不动，一静无有不静。

牵动往来，气贴背，敛入脊骨。

内固精神，外示安逸。

迈步如猫行，运劲如抽丝。

全身意在精神，不在气，在气则滞。

有气者无力，无气者纯刚。

气如车轮，腰如车轴。

（二）武禹襄《十三势行功心解》浅析

以心行气，务令沉着，乃能收敛入骨。

古论中气无定义。“以心行气”，此处之“气”指“呼吸”，“心”实际指思想、思维或意念。这句话的意思是用思想或者说意念导引呼吸，所以必须沉着；“收敛入骨”对应的是“散乱”，其表现是“气浮”，气浮则根基不稳。

以气运身，务令顺遂，乃能便利从心。

“以气运身”，此处之气指意念，意思是以内导外，以意念导引有形的外部动作，所以要求顺遂。“便利从心”，意思是随心所使，随心所欲。

古之善养生者，呼不出声，行不扬尘，不恒舞而熊经鸟申，不长啸而呼吸元神。殆皆息力以生气也。推手的一个重要原则是“息力生气”，即把自身的重量松到对方的身上，不用力而达到消耗对手气力的目的。

精神能提得起，则无迟重之虞，所谓顶头悬也。

何为“顶头悬”呢？“顶头悬”是头顶向上拉，通过头向上顶，把颈椎脊椎拉直，达到身正。这样，就能进可攻，退可守，支撑八面（前、后、左、右；前左、前右、后左、后右），灵活自如，避免双重。做到“顶头悬”的关键是“精神提得起”。提起精神，头顶就自然悬起来了，这是导引术的以内导外。反过来，头向上顶，精神也就提起来了，这是以外导内，相辅相成。所以，推手的正确姿势要求头悬身正、不偏不倚，两眼盯着对方的面部，不能低头注视对方的手脚。所谓注视双眼而顾盼全身。

意气须换得灵，乃有圆活之趣，所谓变化虚实也。

这里的意为“内”，气为“外”。意者为意念属内，气者为气势属外。意气的变化是指内外的关系，其表现是虚实转换。推手时，对方发力，有时要接之以实，这时实的后面跟着变为虚；有时以虚接之，但虚后必须转换为实，否则必败。虚实变换的主导是意气相交的关系，其核心是以内导外，即意念支配动作。

发劲须沉着松静，专主一方。

如何能打出较好的效果，是一个重大的推手课题。这里提出了要“沉着松静”和“专主一方”。要想把对手干脆利索地发放出去，有几个技术关键要处理好。一是时机抓得好；二是打实对方；三是技术方法正确。“沉着松静”是处理这三个技术关键的诀窍，关键之关键是“松”，不是把对手硬搡或杵出去，而是松弹出去，对方觉得势不可挡。“专主一方”，此处“主”，实为“注”之意。

立身须中正安舒，支撑八面。

练习太极拳架要求立身中正，其中少数几个拳势的姿势是偏斜的，如斜飞势、野马分鬃、弯弓射虎等。对这少数几个斜的拳势，先辈太极拳家有“斜中寓正”之说，意思是势斜但要意正，方能维持好身体平衡。如果势斜意也斜，那就是错误的，因为这种倾斜不能够“支撑八面”。

行气如九曲珠，无往不利。运劲如百炼钢，何坚不摧。

这是谈行“气”。有人试图用一个统一的概念解释“气”，其实没有必要对“气”作唯一的解释或定义。此处之“行气”与“运动”是对应的，实质是一物两个侧面的表现。人身九曲指九大关节，体内之力的传递常消耗在这些弯曲之处。从另一个角度看，人身九曲之屈伸是产生力的根源，所以有人身“五弓”之论（五弓指身为一弓，掌指为一弓，腿为一弓，脚为一弓，脚掌趾为一弓）。运动时五弓之张，即开弓，人体为曲（九曲）。欲使我劲全部透出体外，作用于对方身上，我之九大关节必须畅通无阻，曰“行气如九曲珠，无往不利”。人体五弓齐开（拉开五张弓），“运劲”才成为“百炼钢”而“何坚不摧”。

形如搏兔之鹄，神似捕鼠之猫。

此处讲“形”“神”。“搏兔之鹄”，形容对敌的形势，居高临下，一击中的。“捕鼠之猫”，以静制动，容对方先出手，再击之，所以此处之“神”是指聚精会神以待之。

静如山岳，动若江河。

山岳不可撼，江河不可挡。推手中，如何做到将是关键。后面的文字将具体讲明这点。

蓄劲如开弓，发劲如放箭。

前面提到，人身有五张弓，一屈把劲蓄起来，一伸把劲发出去。如何蓄劲？不是常规想象的把周身缩起来，叫足了劲。如何发劲，也不是把叫足了的劲，硬杵出去；而是相反，周身松下来，一屈（屈身、屈足、屈臂、屈指），突然一紧（蓄劲），作用到对方身上，周身马上伸开（蹬脚、蹬腿、长身、伸臂、消肩、直腕、弹指），把劲吐出去，打在对方身上。吐劲的关键是由曲突然松张，这是内家拳发劲之窍要，不可忽视！

曲中求直，蓄而后发。

这是发劲的方法，先曲（屈）后直，先蓄后发。

力由脊发，步随身换。

《太极拳论》中有“其跟在脚，发于腿，主宰于腰，形于手指。由脚而腿而腰，总须完整一气”，这与“力由脊发”是有矛盾之处的。太极拳讲究整体发劲。力有发生、传递和作用这样一个完整的体系。步随身换是以身代步，是太极拳高级阶段的功夫，以九宫步为例，身形一晃动，步法就跟着变换。

收即是放，放即是收，断而复连。往复须有折叠，进退须有转换。

这是讲行拳走架、上下势之间的关系。两个拳势之间有一个连接，也有一个变换。要使之连绵不断，必须做到前势之收即下势之放，所以说“收即是放，放即是收”。如何做到“断而复连”呢？必须往复过渡要有酝酿，即“折叠”，说得更明白就是前势未完就在意念上准备了下一个拳势。“进退须有转换”，有时是在一势之中有进退，有时是在两势之间有进退。如何过渡？需要有一个“转换”，即欲进先要有一个退，欲退先有一个进。

极柔软，然后极坚刚。

这里提出的是太极的练法，它一反常规，不像少林拳那种击砖打瓦，踢桩举重等练力气的方法，而是练习松柔的太极拳架，练出一种极坚刚的劲，无坚不摧！

能呼吸，然后能灵活。

气力不佳，动作必然迟滞，充分表明呼吸与灵活性的关系。推手中动作能始终灵活如意，必须尽可能地减少消耗体内的氧气和从体外供给所需足够的氧，因此推手过程中的呼吸是非常重要的。太极推手训练着重于呼吸的调节，即呼吸与动作的协调。

气以直养而无害，

太极拳是内家拳，以健身养生为主旨，以技击为余事，所以注重养气。对“养气”，《摄生三要—养气》论之最详，曰：“气欲柔不欲强，欲顺不欲逆，欲定不欲乱，欲聚不欲散。”所以练习太极拳要求柔而不强，顺而不逆，定而不乱，聚而不散。所谓“直养”，即柔、顺、定、聚也。凡叫喊、踊跃、奔走、暴力皆损气。

劲以曲蓄而有余。

“劲曲”对应“气直”而言，这与前面讲的“蓄劲如开弓”，“曲中求直，蓄而后发”，“行气如九曲珠”是一个意思。曲蓄的关键是放松，所以就“曲蓄而有余”。

心为令，气为旗，腰为纛。

古代的“心”常是指脑而言，“心为令”实指大脑发布命令，如后面的“先在心，后在身”，“神舒体静，铭刻在心”，都是指大脑思维。旗是旗帜，是外表，所以这个“气”属外，其表现为肢体运动。纛是大旗，是主宰，腰为主宰，所以“腰为纛”这句话的全意是意识指导运动。

先求开展，后求紧凑，乃可臻于缜密矣。

无论练架子还是推手，皆须先求开展。开展则腰腿皆动，无微不到。至功夫纯熟，可再求紧凑，由大圈而归于小圈，由小圈归于无圈。所谓放之皆弥六合，卷之则退藏密也。

又曰：先在心，后在身。腹松静，气敛入骨。神舒体静，铭刻在心。

太极以意为本，身体为末，所谓意气君来骨肉臣也。腹松静，即不存丝毫后天拙力，则气自敛入骨，然则神行体，不慌不乱。

切记：一动无有不动，一静无有不静。

一动全身动，一静全身静。身虽动，心却静，虽动犹静，静中蓄劲。内家拳是“内固精神，外示安逸”，气敛入骨即此意。气敛入骨与后文的“神舒体静”相呼应，是相同的意思。

牵动往来，气贴背，敛入脊骨。

牵动往来，一是我牵他人，二是他人牵我。两种情况都要求“气贴背，敛人脊骨”。这是一种意念，有此意念就不为他人牵动，而能把对方牵动。无此意念就牵动不了对方，也必被对方所牵动。

内固精神，外示安逸。

内气正，则精神自固；外表仍示以安适静逸，若无其事。

迈步如猫行，运劲如抽丝。

盘拳架肘的步伐宛如猫行，轻灵无声；发劲应如抽蚕丝一般连绵不断。推手时，往往出现第一击把劲发出去，但打在对方身上的效果不佳，而第二击跟不上或勉强击出而无力的现象。其原因是一击之后不能立即由紧而松，收放自如，劲不能源源不断地跟上。正确的做法是，第一击把对方松弹出去，发劲后处于松的状态；第二击的劲迅速生出，随即打第二击，劲如抽丝，连绵不断，用之不竭，放长劲也要劲源源不断。

全身意在精神，不在气，在气则滞。

此处之“气”是指外部的气势，与意念精神相对应。前文有“内实精神，外示安逸”，讲的是“内实外虚”，不表露在外面，与此同意。此句进一步指出，如果你只注意外表，就有“迟重”之虞，即僵化、迟滞、笨重。如此推手，没有不败者。

有气者无力，无气者纯刚。

这里说的“气”仍续前句，指外表的气势。气势汹汹者，并没有什么力量，而外表不显露者反而纯刚。纯刚意为势不可挡，无坚不摧，这是内家拳的特点。

气如车轮，腰如车轴。

周身运动以腰为枢纽，所以腰的地位犹如车轴，而周身运动犹如车轮，围绕车轴转动。此处之“气”仍属外，而不是许多人所解释的周流全身之“内气”是不以腰为“轴”的。

后记

几年前与父亲的一次聊天中，他很认真地对我说起要再版《内功解密》一书的想法。他想把原来书稿中不妥的地方修正过来；想把近些年对内功新的研究与体会写进去；想把原来没有公开的第二乘功、第三乘功的内容都添加到书稿里。父亲说想给大家多留下点东西，只是近些年精力开始下降，眼睛也老花得厉害，这事无法自己执笔完成了。他说这是他的一个心愿，希望我能替他完成。这次聊天后，我与母亲便开始为这件事情做准备，我们知道这是让他十分牵挂也非常重要的事情。

去年春初，父亲指定沈祯、汤智强二人协助我，正式开始再版《内功解密》这件事情。我们三个开始分头准备，各尽其力推动这件事前行。在这期间，父亲多次召集我们到家中，口述他要写到书里的内容，常常一讲就是好几个小时，工作量巨大。为此父亲十分辛苦，当大家离开后，好几次累得倒在床上起不来。在拍摄照片期间，父亲正脚疾未愈，他坐着轮椅到拍摄场地，一演练就两三个小时，让他休息都不愿意停下来。组稿期间，父亲与母亲多次为我们梳理思路，给我们指引方向，审定我们的每个建议与需要改动的细节。他们说这是留给后人的东西，马虎不得。看着年迈的父母这样劳累，我既不忍又心痛，可也劝不住，只希望能完成好这项工作，让父母早点安心。

完稿期间，我与沈祯、小汤三人虽然尽心尽力，但毕竟学识有限，成稿中难免还有很多纰漏与不足，不能尽现父亲的拳艺与风范，是为遗憾。只希望这本书能对有志学习内功的拳友有所帮助，使他们不走偏路，少走弯路，在探索太极真谛的过程中有所启迪与裨益。

历时一年有余，本书终于将要交稿付梓。掩卷之际，不免思绪万千。这次编辑与整理工作对我而言是一次洗礼。不仅是因为在父亲拳学理论上得到丰富，拳艺上得到提高，更重要的是让我理解了父亲“为而不争”的处事智慧；明白了父母“无为自立”的处世态度；体会到了他们“大道济世”的悯世情怀。参与这项工作，是我的三生之幸。在此书完稿后期，有不少的师兄弟参与进来，为书稿审校与修改付出了不少的劳动，比较辛苦的有俞凡、韩瑞瑞、王志毅、夏静、马丽红、韩郁莉，还有孙新宇、韩雷、颜杰、叶晓洁等人也帮忙审校了书稿，付出了劳动；还有不少师兄弟对书稿提出了不少中肯有益的建议，在此就不一一言谢了。

“拳非小技，大道存焉”。父亲的拳学中蕴含着需要我们恪守的精神、智慧与情怀，希望每个师门同仁都能潜心修炼这门拳艺，确保这门拳学的正脉传承。

李聪

2015 年 3 月